PASO a PASO
...por el Camino de Santiago
Crónica de un peregrino

silverio**pérez**

PASO a PASO
...por el Camino de Santiago
Crónica de un peregrino

abracadabrArte

divinasletras
LITERATURA PARA SANAR

En la corrección de este libro se consideraron los últimos cambios normativos de ortografía y gramática, según publicados en 2010 por la Real Academia Española en el libro *Ortografía de la lengua española*.

Pérez Figueroa, Silverio, 1948-
Paso a paso... por el Camino de Santiago
(Crónica de un peregrino)
ISBN: 978-0-9903309-2-9

Dirección editorial y edición: Gizelle F. Borrero / Divinas Letras
Coordinación general y primera revisión del texto: Yéssica Delgado Mora
Revisión final del texto: Aura Torres Fernández
Prólogo: Fermín Goñi
Concepto original de diseño y portada: Ivelisse Valentín / Grafika 4
Diagramación y armada de interiores: Carlos López Angleró
Obra de portada, imagen de Tony Croatto e ilustraciones interiores: Raúl Martínez
Diseño de mapas: Ariana Reyes
Fotografías de interiores: Yéssica Delgado Mora
ISBN: 978-0-9903309-2-9
Este libro se compuso en caracteres: American Typewriter, Futura, Minion Pro

Impreso por Imprenta J&J
Tel: 787 701-4015 Fax: 787 701-0825
www.collazogrouppr.com
Impreso en Puerto Rico
Primera edición, abril de 2014
Segunda edición, mayo de 2014 (Edición Especial)

El autor está disponible para conferencias, seminarios o talleres. Para contrataciones, comentarios o sugerencias favor de comunicarse al 787-244-2204 o escribir a:
pasoapasoconsilverio@gmail.com

Para adquirir el documental "Paso a paso con Silverio" puede solicitarlo a:
pasoapasoconsilverio@gmail.com

A **Luis Raúl**, actor, comediante y amigo,
con quien caminé durante muchos años
por las difíciles sendas del humor.

Índice

Agradecimientos

El Camino de Santiago lo hice de la mano de mucha gente que me ayudó a que mi sueño se hiciera realidad. En esta etapa del libro le doy las gracias a mi cómplice incondicional, mi esposa Yéssica Delgado. También a Gizelle Borrero, Fermín Goñi, Ivelisse Valentín, Raúl Martínez, Carlos López, Carmen Portela, Ariana Reyes, Marcos Irizarry, Miguel Arroyo, Chegui Candelario, Ramón Luis Rivera, hijo, Ramón Orta, Vanessa Marzán, WIAC 740, Ángel Irizarry, Millie González, José Luis Blanco, María del Pilar Gulías, Felipe y Mariló, la familia Marín Soto, y a todos los peregrinos que de una u otra forma tocaron mi vida; a Adriana Rodríguez (HecTours), Humberto Tapia (TOLIC) y a los comandantes de mi ejército de peregrinos Jorge Hernández y Aida Cruz; y a mi familia inmediata, pues siempre son la inspiración que me estimula a tratar de ser una mejor persona.

Décimas al derecho y al revés

Con la mochila liviana
hay que andar por el camino
al encuentro del destino
temprano cada mañana.
Con la mente abierta y sana
se busca otro derrotero.
El mundo caminar quiero
pletórico de emoción,
entonando una canción
a paso firme y ligero.

A paso firme y ligero
entonando una canción,
pletórico de emoción
el mundo caminar quiero.
Se busca otro derrotero
con la mente abierta y sana.
Temprano cada mañana
al encuentro del destino,
hay que andar por el camino
con la mochila liviana.

El Tiranosaurio Rex
ya estaba allí

Fermín Goñi

Cuando Alfonso II, que era rey de Asturias hace algo más de mil años, promovió la construcción de una capilla allá donde se suponía que estaban los restos de Jacob de Zebedeo, conocido como Santiago el Mayor, el apóstol Santiago, que con el paso del tiempo dio origen a la catedral que lleva su nombre, yo creo que Silverio ya estaba allí, ordenando piedras en la cantería para edificar los muros. Porque el ingeniero, el trovador, el escritor, el motivador, el comunicador, el fallido sacerdote, el padre bueno, el hijo que todos quisiéramos tener, el marido amante, el buen amigo (y muchas otras cosas más –casi todas buenas y algunas excepcionales– que debido a la falta de espacio no puedo reseñar, y bien que me gustaría) lleva vividas diez vidas centenarias y es una especie única de mamífero racional que nos alegra la vida, aunque él se empeñe en decir en sus *emails* que es un dinosaurio. Y no lo es porque la realidad real es otra: Silverio es el Tiranosaurio Rex, el único que queda sobre esta convulsa tierra que nos toca pisar, respirar, vivir.

Si atendiésemos a la etimología de su nombre, Silverio es el hombre que viene de la *silva*, forma latina de referirse a la selva. Es posible que sea así, aunque creo que el artista que hace unos meses regresó vivito y coleando tras hacer su parte del Camino de Santiago, aquella que se llama el Camino Portugués, no se llama en realidad Silverio sino Titaniumverio, porque mi querido amigo es una persona (a la vez que un personaje) moldeado en ese metal tan extremadamente resistente que es el titanio. Si no fuese así, ¿cómo es posible que lleve viviendo más de mil años, reencarnación tras reencarnación, y que cada día parezca más joven? Se queda ahí la pregunta y yo espero que Titaniumverio nos dé algún día la respuesta, sobre todo después de leer, como dice en este maravilloso libro de experiencias, que por fin ha hecho las paces con eso que él mismo llama *edad cronológica*.

Fermín Goñi, en Zizur, con la foto que se llevó de la pared de mi casa,
emocionado, después de ver el documental Paso a paso.

Paso a paso no es un libro, ni un dvd: es una experiencia y una confesión en voz alta que a mí me ha hecho pensar y enfadarme a la vez. Les cuento: existe un Camino de Santiago, quizá el más conocido, que sale de Orreaga-Roncesvalles (aunque con mayor precisión la salida está en la bellísima localidad vascofrancesa de Donibane Garazi-Saint Jean Pied de Port) y acaba en la ciudad gallega unos ochocientos kilómetros después. Ese camino, que llaman el Francés, lo hacen los caminantes (valga la redundancia) en, aproximadamente, un mes, lo cual en mi opinión es una heroicidad al alcance de pocos. Su segunda etapa se ubica entre las poblaciones de Zubiri y Pamplona, pero muchos la alargan hasta Zizur (tres kilómetros más adelante).

Y ahí viene mi enfado: hace casi tres décadas que vivo en Zizur, en una casa que su anterior propietario puso de nombre Bidea (que en lengua vasca, en euskera, significa, "el camino"), casi todos los días del año veo pasar a los peregrinos por delante de mi casa y muchas veces llaman a mi puerta para preguntar dónde está el albergue en el que pueden pasar la noche. Y el albergue está en el enorme jardín de la casa de mi amiga Maribel Roncal (a unos sesenta metros de mi casa), un caserío de 1764 que tiene como nombre original Etxeberrikoa (que en euskera significa La Casa Nueva). Allí, en Etxeberrikoa, he visto a Paulo Coelho, a Shirley Maclaine, a Martin Sheen, a famosos y no famosos, a quienes hacen el camino a caballo, los que van en bicicleta de montaña, aquellos que van con el amigo más leal: su perro... He hablado con peregrinos australianos, japoneses, norteamericanos, brasileños, uruguayos, rusos, canadienses, coreanos, argentinos, británicos, sudafricanos, suecos, qué se yo con cuántos... Pues bien: mi pecado es que nunca he hecho siquiera una etapa del Camino, y eso es algo que no tiene explicación cabal. Un tercio de los días del año hay personas que llaman a mi casa porque se han perdido y quieren regresar a un punto concreto o me preguntan por la estupenda iglesia románica edificada en el siglo XII (cuando Titaniumverio iba por su segunda vida...), cuya torre estoy viendo ahora mismo, cuando escribo estas palabras, porque la tengo a, exactamente, cuarenta metros en línea recta. Por eso decía con anterioridad que el libro del trovador Pérez, de mi fraternal amigo Titaniumverio, me ha hecho enfadarme y pensar. Las dos cosas a la vez: vivo en el Camino, soy del Camino, mi vida transcurre en el Camino. Pero no lo he recorrido siquiera parcialmente; la eterna contradicción de los humanos.

Titaniumverio, sí. Me ha ganado (y ya van…) otra vez y puede decir con propiedad, como siempre he escuchado a los que han regresado de Santiago, que es una experiencia que marca la vida. Sea uno o no creyente, sea o no religioso, tenga o no fe. Hacer el Camino es una catarsis, una terapia, una terapia de las buenas, de las naturales, de las bondadosas. Mi fraternal Titaniumverio se enfrentó a esa ilusión que llaman Camino al término de una catarata de desgracias que se prolongaron hasta el último minuto. Pero, terco como es (a fin de cuentas, ¿qué es un ingeniero? Pues un terco de la ciencia y los procedimientos que resuelve problemas técnicos de los demás), un desafío como era cambiar de continente para llegar a Santiago andando no era materia para frenarle los pies. Al contrario: era el estímulo. Y, fiel a su estilo de joven Tiranosaurio Rex, no lo hizo de manera *convencional*. Qué va. Localizó a un *luthier* en los Estados Unidos, le convenció para que le construyera una mini guitarra, se fabricó una funda y con esa impedimenta (y con trillones de toneladas de energía positiva que iba emitiendo su propio cuerpo y el de su esposa, la inigualable Yéssica) se puso a hacer el Camino desde la frontera entre Portugal y España como quien se enfrenta al reto de conquistar el fin del mundo. Y lo hizo.

Mi fraternal Titaniumverio se enfrentó a esa ilusión que llaman Camino al término de una catarata de desgracias que se prolongaron hasta el último minuto.

[...] se puso a hacer el Camino desde la frontera entre Portugal y España como quien se enfrenta al reto de conquistar el fin del mundo. Y lo hizo.

A finales de 2013 nos juntamos en un restaurante de San Juan y me dijo que ya tenía montado el documental sobre la experiencia. Nos dijo, a mi esposa Agurne y a mí, que fuésemos a su casita de la montaña para una cena rica (¡y tanto!!!!!!!!!!!!!!!!!) que prepararon entre sus chicas: Yéssica y su tía Carmen, Titi Carmen. Luego, Agurne y yo nos tomamos un café fumando un cigarrillo en una de las terrazas, escuchando el canto del coquí. Allí nos enteramos de que esa casa iba a ser su morada por poco tiempo más, y eso nos dio una tristeza enorme. Luego, el maestro nos llevó a una habitación para ver el documental *Paso a paso* en la misma pantalla donde Titaniumverio y yo hemos visto partidos de fútbol de la Champions League (es que los dos somos muy futboleros…).

No sabíamos, Agurne y yo, qué nos esperaba… Ay, Titaniumverio, qué bandido eres: nos presentaste un documental tan bello, tan natural, tan sentido, tan magnífico, tan verdadero, algo tan fuera de lo común, que durante la hora de su proyección no dijimos una palabra: estuvimos absortos. Ahora mismo quisiera definir con palabras lo que en aquella noche sentí, pero no las encuentro. Te veo a ti con tu guitarra fundida a la espalda, te veo mirando a ninguna parte sentado en un recodo del Camino, te veo componiendo, te veo cantando, te veo con una camiseta en la que reclamas la excarcelación de Oscar López Rivera (algo que deberían de hacer todas las personas

Te veo a ti con tu guitarra fundida a la espalda, te veo mirando a ninguna parte sentado en un recodo del Camino, te veo componiendo, te veo cantando [...]

[...] Te veo merendando con otros caminantes, te veo sonriendo, te veo emocionado en la Plaza del Obradoiro, ya en Santiago [...]

decentes porque su permanencia en la cárcel es inexplicable, inmoral), te veo merendando con otros caminantes, te veo sonriendo, te veo emocionado en la Plaza del Obradoiro, ya en Santiago (donde deberíamos de habernos encontrado, pero yo no pude ir por compromisos adquiridos con anterioridad. Y bien que me pesó). A casi siete mil kilómetros te veo, te noto, te siento. Y me viene a la memoria un verso de ese gran poeta republicano español muerto en México: León Felipe. El verso, que titula "Romero solo", dice:

Ser en la vida romero,
romero solo que cruza siempre por caminos nuevos.
Ser en la vida romero,
sin más oficio, sin otro nombre y sin pueblo.
Ser en la vida romero... solo romero.
Que no hagan callo las cosas ni en el alma ni en el cuerpo,
pasar por todo una vez, una vez solo y ligero,
ligero, siempre ligero (...).
Sensibles a todo viento
y bajo todos los cielos,
poetas, nunca cantemos
la vida de un mismo pueblo
ni la flor de un solo huerto.
Que sean todos los pueblos
Y todos los huertos nuestros.

Con León Felipe yo también digo, Titaniumverio: "*Pasar por todo una vez, una vez solo y ligero. Ligero, siempre ligero*".

Cuando vuelvas al Camino, maestro trovador, no pisarás el mismo suelo, aunque a veces te lo parezca, porque cruzarás caminos nuevos, como dice León Felipe. Tu camino, tu andar, será diferente. Hasta el paisaje. Y la experiencia será mayor y mejor. ¿Qué tiene el Camino de Santiago, cuál es su magia, su embrujo? Esa pregunta la responde mejor un Tiranosaurio Rex: el gran Silverio Pérez, ahora conocido como Titaniumverio. Sigan, si pueden, sus pasos, que son firmes y ligeros, pero con aplomo.

Se lo dice un ciudadano que es a la vez europeo y boricua. Porque les voy a hacer una confesión: los boricuas nacemos donde nos da la gana, carajo. ¡Viva Puerto Rico! Libre.

PS: Hoy, diecisiete de marzo de dos mil catorce, en Santiago de Compostela registran el día más caluroso de marzo desde que existen datos sobre temperaturas en esa ciudad, según acabo de escuchar en el noticiero de una televisión. Será que el Caribe, Borinquen, tu patria y la mía, se acercan lentamente a Santiago. Venga, Titaniumverio, vamos a ensillar tu caballo antes de que me ponga a llorar...

Fermín Goñi (Pamplona, España). Es licenciado en Periodismo y Ciencias Políticas. En el ámbito periodístico, ha trabajado en puestos directivos para los diarios *Deia* y *El País*, ejerció como corresponsal en España de *Radio France International* (Radio París), ha dirigido el periódico *Tribuna Vasca*, fue director general del Ente Público Radio Televisión Navarra, ha sido consejero delegado y fundador del *Diario de Noticias* y consultor en diversos medios de comunicación de Iberoamérica. En su faceta de escritor, ha abordado diversos géneros, que incluyen la narrativa, el ensayo o los libros de viajes. Es autor de las novelas: *Los escandalosos amores de mis amigos* (1987), *Y en esto llegó Fidel* (1993), *Las mujeres siempre dijeron que me querían* (2001), *Puta vida* (2002), *El hombre de la Leica* (2006), *Te arrancarán las tripas, negro* (2008), *Los sueños de un libertador* (2009), *Una muerte de libro* (2011), y *El tesoro de mi jardín* (2013). Este año publica en Europa y en América *Todo llevará su nombre*, la novela que narra las últimas dos semanas con vida del libertador Simón Bolívar en Santa Marta, Colombia. Sus obras han sido traducidas a varios idiomas y han sido galardonadas con varios premios literarios internacionales.

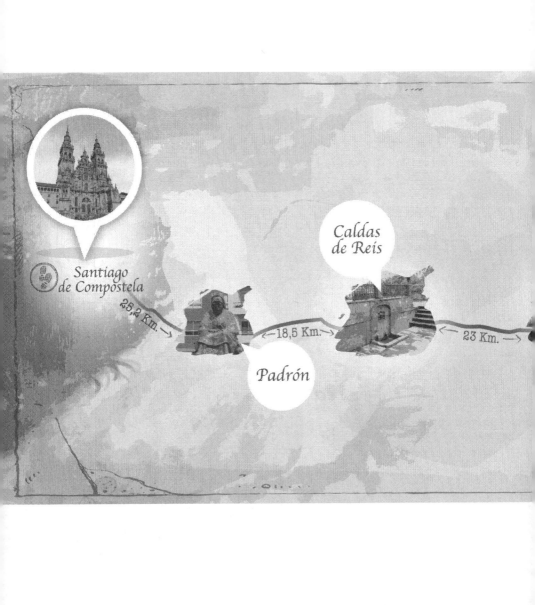

Santiago
de Compostela

25,2 Km.

Padrón

18,5 Km.

Caldas
de Reis

23 Km.

PRIMERA PARTE

Veredas previas

Vamos a andar para llegar a la vida.
—Silvio Rodríguez

La deci sión

La decisión

Aproveché el marasmo con el que se amanece el día de Año Nuevo para hojear la nueva agenda, aún libre de compromisos. Me puse a anotar los cumpleaños de mi familia: el de mi esposa, que era precisamente ese día, los de mis cinco hijos, el ochentaiocho de mi madre y el noventainueve de mi padre… hasta que llegué al mío.

Fue curioso que me sorprendiera más el sesentaicinco que escribí en la página del dieciocho de julio que el noventainueve que había puesto en la correspondiente al cumpleaños de mi papá. Me detuve tanto en la rayita superior que completaba el cinco que la tinta comenzó a humedecer los bordes del número y lo fue desdibujando. Fue como si, por primera vez, me diera cuenta que llegaba a esa edad.

...decidí que en mi cumpleaños sesentaicinco haría algo especial, distinto, único: el Camino de Santiago.

...y se lo dedicaría a mi hermano, mentor y compañero de proyectos musicales Tony Croatto, quien murió a los sesentaicinco años.

De niño pensaba que una persona de sesentaicinco años era alguien que ya bordeaba los predios del cementerio. De adolescente miraba a "los viejos de esa edad" con respeto, pues me recordaban al abuelo Jacinto, el padre de mi papá, quien solía llevar su camisa blanca abotonada hasta el último ojal de arriba, y se mecía a diario en un sillón de mimbre. De más adulto la visualizaba como la edad del retiro. Sin embargo, ese primero de enero, a siete meses de mi cumpleaños, no tenía la mentalidad de un retirado, no me parecía que luciera tan mayor como recordaba a mi abuelo, y mucho menos tenía planes de abandonar el reino de los vivos. Al contrario. Mi reloj biológico parecía estar rondando los cincuenta y mi mente seguía estancada en los cuarenta o menos.

El tema de la edad es un asunto que siempre ha preocupado a muchos. En esta sociedad donde se le rinde culto a ser joven, en la medida en que nos acercamos a los cincuenta entramos en pánico. A los hombres nos da con irnos al gimnasio, vestir ropa que nos haga lucir más jóvenes, aunque nos veamos ridículos, algunos se pintan las canas, sin percatarse de que eso llama más la atención, y uno que otro se compra un carro deportivo para revivir glorias pasadas. El último asalto en esa pelea contra la realidad del calendario es enamorarnos de una mujer más joven, aunque tengamos que dar explicaciones constantes de que no es nuestra hija mayor.

La flecha amarilla, una constante en el Camino.

Gracias a la genética de mi padre, que no parecía enterarse de que estaba a punto de llegar al siglo de existencia, yo había hecho las pases con mi edad cronológica. Pero había un suceso que me rondaba en el pensamiento: a los sesentaicinco años murió mi mejor amigo, un ser humano que había sido mi mentor, hermano y compañero, tanto en proyectos artísticos como en las tristezas y alegrías de la vida.

Hermes Croatto Martinis, conocido artísticamente como Tony Croatto, nació en Attimis, provincia de Udine, en Italia. Su familia emigró a Uruguay, huyéndole al recuerdo de las atrocidades de la Segunda Guerra Mundial. Con su hermana Nelly, y Tim, su hermano mayor, formaron los TNT, un grupo de canciones *pop* de los sesenta que alcanzó mucha fama en América Latina y España. Llegó a Puerto Rico con su hermana a cumplir unos compromisos artísticos y echó raíces en la isla. Poco a poco se fue enamorando de nuestra música y de nuestra historia. Juntos, compramos un solar en la loma de un barrio aledaño a la zona metropolitana y cada uno hizo allí su casa de campo. Un maravilloso atardecer, sentados sobre un enorme peñón que dividía su terreno del mío, compartiendo canciones de Puerto Rico y del Cono Sur, surgió la idea de hacer el grupo musical *Haciendo punto en otro son*. La historia de los proyectos musicales que desarrollamos juntos puede ser materia para otro libro. Su vida fue un regalo, y el último de ellos fue permitirme estar a su lado en el momento de la trascendencia. Murió de cáncer cuando le faltaban muchos proyectos por desarrollar y le sobraban ganas de vivir.

Seis meses después de su muerte me diagnosticaron cáncer de próstata. De inmediato se me dispararon todos los miedos y pensé que correría la misma suerte que mi amigo. No fue así. Gracias a que la presencia de células cancerosas fue detectada a tiempo, una cirugía radical resolvió el problema sin necesidad de radiación o quimioterapia. Al cabo de un año ya estaba bastante recuperado y todo parecía indicar que llegaría a la edad que Tony no pudo sobrepasar.

Ese primero de enero de 2013 decidí que en mi cumpleaños 65 haría algo especial, distinto, único, en honor a su vida y en celebración de la mía: el Camino de Santiago. En el instante en que tomé la decisión de hacerlo, una emoción indescriptible se apoderó de mí. Mi Camino había comenzado.

El sueño

¿Qué es el *Camino de Santiago*? Es un peregrinar a la Catedral de Santiago de Compostela en Galicia, España. Para hacerlo, hay diversos caminos a escoger.

La historia del peregrinaje por el Camino de Santiago comenzó en el noroeste de la Península Ibérica para el año 813 cuando un ermitaño, de nombre Pelayo, observó con asombro una luz que emanaba de unos árboles en el bosque Libredón. Ante este acontecimiento aparentemente sobrenatural, fue corriendo donde el obispo Teodomiro y se lo comunicó. Cuando regresaron al lugar, descubrieron en medio de la vegetación, una capilla de un cementerio romano de la época. Teodomiro llegó a la conclusión –cuestionada por algunos–, de que allí estaban enterrados los restos del Apóstol Santiago, según la leyenda, el único de los apóstoles que había estado en tierras españolas. De inmediato, Alfonso II, el Casto, Rey de Asturias, viajó con su séquito al lugar y mandó a edificar una pequeña iglesia. Carlomagno, coronado emperador una década antes por el Papa León III, vio en aquel rumor –que ya corría por todo su imperio– una oportunidad de reavivar el espíritu cristiano, y le dio el impulso definitivo. De toda la Europa cristiana, los peregrinos comenzaron a llegar al supuesto lugar del sepulcro, el *Campus Stellae,* nombre que luego degeneró en *Compostela.*

La concha con la cruz de Santiago y el bordón, inseparables acompañantes.

Desde entonces, todos los años, miles de peregrinos del mundo entero, recorren esos caminos. Algunos salen desde Francia, otros desde el centro o el norte de España y otros desde Portugal. Yo quería ser uno de esos peregrinos que le han dado continuidad a la historia. Ese era mi sueño.

Los sueños, sueños son, decía Calderón de la Barca. Y lo son si los dejamos ahí, en la emoción y el pensamiento. A mis sesentaicinco años ya he aprendido que dar ese próximo paso para convertir un sueño en realidad es lo que separa el éxito del fracaso. Lo primero que hice fue compartirlo con alguien. Eso compromete. Lo hice con Yéssica, mi esposa, quien de inmediato se dispuso a apoyarme. Luego, con Miguel Arroyo, un amigo fisiatra que me preparó un plan de entrenamiento que me permitiera enfrentarme en buen estado físico al reto. Poco después lo declaré a la prensa y en las redes sociales. Ya no podría dar un paso atrás.

La meta

Una vez definido y declarado el sueño, tenía que pasar a lo concreto, a ese plan que me permitiera realizarlo. El próximo paso era establecer una meta, una fecha clara y específica. Si no, los artificios de la mente me proveerían toda clase de excusas para evadirla. ¡Cuántos he conocido que han decidido hacer ejercicios o ponerse a dieta y no acaban de escoger cuál de los cincuentaidós lunes del año es ese lunes en que prometieron comenzar!

Mi meta era entrar a la Catedral de Santiago de Compostela el 18 de julio de 2013, a las doce del mediodía, y participar de la misa de los peregrinos que todos los días se celebra a esa hora. Desde esa fecha planificaría retrospectivamente, calendario en mano, anotando todo lo que tendría que hacer para cumplir la meta.

Tenía apenas cinco meses para prepararme física y mentalmente para el reto. El plan de mi fisiatra contemplaba que debía caminar en Puerto Rico tres veces la distancia de lo que me tomaría hacer el Camino de Santiago. Entonces, me pregunté: "¿cuál de los Caminos debía hacer?".

Decidí hacer el Camino Portugués, desde el puente internacional en la frontera entre Portugal y España, porque la jornada estaba dentro de mis posibilidades de tiempo disponible. El Camino Portugués es parte de ese camino primitivo que se dice siguió Alfonso el Casto. La distancia de ciento veinte kilómetros

Para ello tendría que prepararme mental y físicamente para caminar los ciento veinte kilómetros desde Tui hasta Santiago de Compostela en siete días.

de Tui hasta Santiago debía recorrerla en siete días. Eso significaba que para estar debidamente entrenado debía caminar en cinco meses, en Puerto Rico, unas doscientas treintaicuatro millas, o sea, trescientos setentaicinco kilómetros. De primera instancia lo vi casi imposible, pero el reto físico y mental ya estaba claro.

También tenía que enfrentarme a otro gran reto: no tenía dinero para hacer la travesía. Estaba bajo el capítulo 11 de la Ley de Quiebras, un proceso de reorganización económica que ante la situación del país, no auguraba que pudiera llevar a feliz término. Pero los años me habían enseñado que si el propósito estaba claro, y trabajaba duro en dirección al mismo, el dinero aparecería. Así que no le presté mucha atención a ese impedimento que me acechaba.

A medida que los preparativos avanzaban surgió la siguiente pregunta: ¿Por qué no compartir mi experiencia con la gente y documentar el proceso para que le sirviera de guía o inspiración a otros que quisieran hacerlo? Así se cuajó la idea de hacer el documental *Paso a paso con Silverio por el Camino de Santiago*. Mi esposa, como productora, se encargó de convertir la idea en una proyecto realizable. Mientras yo me levantaba temprano a entrenar, ella escribía y enviaba propuestas para conseguir apoyo económico para hacer el documental.

La mayoría de las empresas a las que nos acercamos no nos apoyaron pues estaban en una situación económica parecida a la mía. Curiosamente, el primero que me ofreció su ayuda fue un alcalde con el que tenía insalvables diferencias ideológicas. Luego se unieron otras empresas y agencias de gobierno que vieron en lo que me proponía una oportunidad de motivar al pueblo a hacer algo diferente por su vida.

Siete días antes de comenzar mi peregrinaje, concluí con este párrafo mi columna bimensual en el periódico *El Nuevo Día*: "Mi país vive un momento en que es urgente que caminemos por otros caminos a los ya andados, pues estos nos han conducido a un precipicio. Nuestra gente necesita entender que el éxito se construye en la incomodidad, con el esfuerzo de cada día y con un propósito claro de hacia dónde queremos caminar. Espero que a través de las redes sociales y de lo que luego verán en el documental, puedan hacer junto a mí el Camino de Santiago".

El equipo

No hay meta, sueño o proyecto importante que pueda realizarse sin un equipo de trabajo, por pequeño que sea. Yo trabajaba mi preparación física con Marcos Irizarry, un entrenador que vio con entusiasmo lo que este viejito, como cariñosamente me llamaba, se proponía hacer. Ángel Irizarry, un compañero de trabajo en la estación de radio donde tengo mi programa diario, había hecho el Camino en dos ocasiones así que se unió a la planificación y aportó su experiencia y sus amplios conocimientos. Yéssica consiguió a Carmen Portela, una joven experta en redes sociales que me ayudaría a que la gente me siguiera durante la trayectoria. Mi hijo Carlos, quien es camarógrafo, grabó mis caminatas en Puerto Rico, y su hermana gemela, Mariem, quien vive en Los Ángeles y se dedica a la edición y a la producción de cine, me recomendó a Pedrito Muñiz para que fuera mi camarógrafo-editor-director.

Con los Pedros y mi esposa Yéssica, todos en una misma dirección.

Como no hay casualidades, este joven resultó ser el nieto de don Tommy Muñiz, el productor que me dio la primera oportunidad en la televisión. Cuando niño, Pedrito participó junto a su abuelo en la película *Lo que le pasó a Santiago* que fue nominada al Oscar como mejor película extranjera. Yo había desarrollado innumerables proyectos artísticos con otros miembros de esa familia y ahora con Pedrito continuaría esa tradición.

Las pruebas

El día antes de salir a España fui al médico pues estaba tosiendo constantemente y me dolía el pecho. Me recomendó reposo y, aunque estaba convencido de que yo no le haría caso, me dijo que no era conveniente que viajara. Justo al salir de su oficina, cuando iba a comprar unos medicamentos que me había recetado para darme terapia de respiración, recibí una llamada de mi abogada: la Corte de Quiebras me citaba para una vista con los acreedores de mi caso a las diez de la mañana del día siguiente. Nuestro avión salía a las dos de la tarde. Si la vista se celebraba, difícilmente llegaría a tiempo al vuelo. Le pedí que la suspendiera. Me contestó que su recomendación era que yo suspendiera viajar ese día pues la mayoría de los acreedores no estaban inclinados a aprobar mi plan de reorganización y había que tomar decisiones muy difíciles.

Al otro día, Yéssica se llevó las maletas y el equipo al aeropuerto y una amiga me llevó al Viejo San Juan a la cita. Yo seguía apostando a que los planetas se alinearían a favor de mi peregrinación. Cuando llegué a la oficina de la abogada me miró con cara de preocupación. La vista se había suspendido, pero había que analizar en ese instante la decisión de pasar del capítulo de "reorganización" al de "liquidación total". Confieso que

La noche antes de salir a Santiago tuve que enfrentarme a varias pruebas, una de ellas fue una afección pulmonar...

31

en ese momento la opción que respaldaba era la que menos tiempo tomara en discutirse para llegar a tiempo al aeropuerto. Se decidió lo que era inevitable: la liquidación. Paradójicamente, salí de la reunión aliviado, justo a tiempo para llegar a tomar el vuelo.

Días previos

La turbulencia que enfrentó el avión de San Juan a Nueva York no comparaba con la que yo llevaba en la mente. Me quería forzar a dejar las preocupaciones económicas atrás, pero no lo lograba. La casa de mis sueños, la que luego de muchos sacrificios había logrado construir en medio de un bosque, estaba en peligro de que el banco la embargara.

La llamada por los altoparlantes en el aeropuerto Kennedy, que anunciaba el vuelo a Madrid, me provocó una alegría inusitada. Saqué las notas que había recopilado sobre cada una de las jornadas del Camino y me sumergí en ellas durante el vuelo. En algún momento me dormí. Desperté con los rayos de sol que a través de la ventanilla del avión me daban la bienvenida al Viejo Continente.

De Madrid volamos a Santiago. Allí descansaríamos esa noche para esperar al día siguiente a Pedrito Muñiz que llegaría con las cámaras y con Pedro Iván, su asistente. Una de nuestras maletas no había llegado, así que estábamos en la habitación haciendo un inventario de lo que se nos había extraviado cuando escuchamos gritos, aplausos, cánticos y mucha algarabía frente al hotel. Bajamos a averiguar. El Hostal de los Reyes Católicos da a la Plaza del Obradoiro, justo al frente de la Catedral de Santiago. La celebración era de un grupo enorme de peregrinos que estaba completando su Camino en ese momento.

Una fuerte emoción se apoderó de ambos y empezamos a cantar, llorar y celebrar con los peregrinos. Luego llegaron otros, y otros. No nos pudimos despegar de aquel espectáculo que parecía preparado para que tuviera una idea de la recompensa que me esperaba si completaba el Camino. La Catedral de Santiago se levantaba imponente, como telón de fondo de aquellos seres que dejaban atrás las dificultades a las que se habían enfrentado para celebrar la meta alcanzada. Me planté ante ella, la estructura más valiosa y significativa del arte románico español, y me imaginé el momento en que en el 1075 comenzaron a construirla. ¡Novecientos treinta años atrás! ¿Cuántos peregrinos desde entonces se habrían detenido, como yo, con los ojos humedecidos por la emoción, a mirar sus tres campanarios elevándose al cielo? Pero en ese momento yo no tenía ni una remota idea de lo que sentiría nueve días después.

Al otro día buscamos a los dos Pedros al aeropuerto de la Coruña y fuimos en carro hasta Tui. No fue una buena idea hacerlo. En la medida en que pasaban las horas y seguíamos por la autovía, un gran susto se iba apoderando de mí. ¿Cómo rayos iba a caminar todo ese trayecto de vuelta? ¡Y por caminos aledaños! Pero el hermoso paisaje de las rías de Vigo y Pontevedra, sobre las cuales pasaba la vía en la que transitábamos hacia el sur, ejercía un cierto efecto tranquilizante. Nadie decía nada.

En casa de Pilar, el centro de trabajo, observando lo que grabamos durante el día.

Era el lugar
exacto que había
seleccionado en
mi búsqueda por
la Internet y la
prueba inequívoca
de que lo que
somos capaces
de visualizar,
somos capaces
de realizarlo.

Al rato Pedrito rompió el hielo. Yo le había aclarado que no iba a actuar absolutamente nada para la cámara. Que me tomaran vídeos en los puntos en que me pudieran interceptar en la ruta pero que no iba a interrumpir mi experiencia. "No hay forma de hacer esto si no vamos contigo, todo el tiempo, acompañándote", dijo con absoluta convicción. Pedrito era ciclista y eso le daba cierta condición física, pero ni Yéssica ni Pedro Iván habían entrenado para el Camino y, mucho menos, con equipo al hombro. No dije nada. Yo estaba suficientemente preocupado por mi propia capacidad de hacerlo como para añadir otra preocupación a mi mente.

Varias horas después, gracias al GPS, esa maravillosa aplicación que hoy día poseen los teléfonos móviles (que parece un ojo todopoderoso que nos espía no importa el recoveco del planeta en el que estemos) localizamos el lugar donde quedamos de encontrarnos con María del Pilar Gulías, en cuya casa estableceríamos el centro de trabajo de la producción. Ella fue el primer regalo del Camino. Su casa fue un remanso de paz que complementaba la experiencia de reflexión que cada día nos ofrecía el peregrinaje.

Esa tarde me sentía ansioso, cosa rara en mí, y quise que fuéramos al lugar que había seleccionado para comenzar a caminar: el puente que conecta a Portugal y a España.

Ya era de tarde. El sol resaltaba los colores de los árboles de ambas orillas que se hermanaban en el reflejo de la desembocadura del río Miño. Me aferré a una de las barandas de aquel viejo puente de metal que tenía ciertas reminiscencias de la Torre Eiffel, desde donde podía observar la ciudad por la que en otros tiempos pasaba una de las vías romanas. Era el lugar exacto que había seleccionado en mi búsqueda por la Internet y la prueba inequívoca de que lo que somos capaces de visualizar, somos capaces de realizarlo. Dejé que los tibios rayos de sol, que pintaban de un verde amarillento el entorno, me dieran la bendición que necesitaba para enfrentarme, al día siguiente, a lo desconocido.

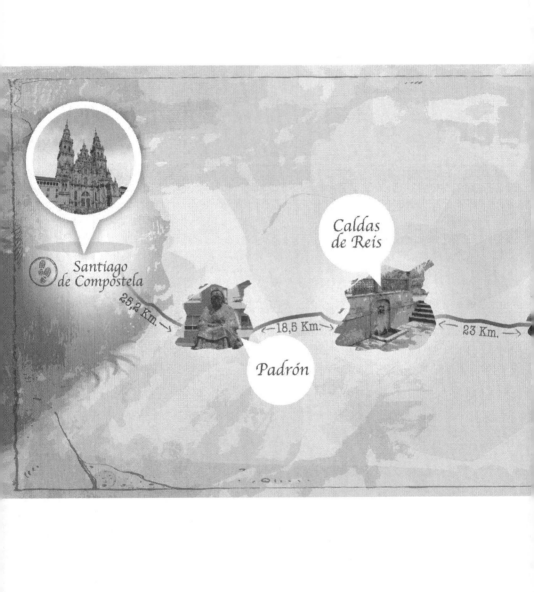

Santiago
de Compostela

25,2 Km.

Padrón

18,5 Km.

Caldas
de Reis

23 Km.

SEGUNDA PARTE

El Camino de Santiago

¿Cuál debe ser el camino a tomar y cuándo debemos parar?
¿Cuántos mares, cuántos valles habrá que cruzar,
para poder descansar?

—Bob Dylan

Catedral de Tui
Rumbo hacia O Porriño, España 18,7 Km

PRIMER DÍA

Prefiero más que llegar,
pensar que ya voy llegando.
Andar por andar andando;
caminar por caminar.

—Alberto Cortez

Viernes 12 de julio de 2013 (4:00 a.m.)
Tui a O Porriño (20 kilómetros)

La alarma sonó, pero mi reloj interno hacía rato que me había despertado. Entre la ansiedad por lo que me proponía hacer, y la tos persistente, no había dormido mucho. Comencé la rutina que repetiría por los próximos seis días: ponerme un poco de vaselina en los pies, luego, las medias parecidas a un guante, y encima de ellas, las térmicas que extraen la humedad y no permiten que el pie se

El celular fue una herramienta que inicialmente nos ayudó a ubicarnos, luego lo sustituyó el corazón.

humedezca. Gracias a esa rutina y a unos zapatos deportivos adaptados a mi forma de pisar llegué a Santiago sin una laceración.

Ya Yéssica había bajado al comedor. Revisé todo lo que debía llevar en la mochila: agua suficiente, *energy bars*, frutas, una toalla, un estuche con un mínimo de medicamentos, un pantalón corto, una camiseta adicional y la guitarra. Me puse un pantalón largo deportivo, una camiseta azul con la simbólica flecha amarilla que indica la ruta del Camino de Santiago, y un abrigo pues la temperatura estaba en los sesenta grados Fahrenheit.

Cuando bajé a desayunar, ya los Pedros habían instalado sus cámaras y les sorprendió lo callado que yo estaba. Experimentaba una tranquilidad que, aunque pareciera extraña, no me era ajena. Me sucedía en momentos críticos: cuando en 1988 el portón eléctrico del condominio en el que vivía en Miramar me trituró el brazo derecho y me atrapó en un reducidísimo espacio por media hora; cuando el urólogo me anunció que había dado positivo a cáncer de próstata; cuando me despertó el movimiento de la casa ante un temblor categoría 6.5 en la escala Richter; y en otras instancias similares. En esos momentos yo deseaba reaccionar de otra forma, pero esa incómoda tranquilidad se apoderaba de mí, me poseía. A mi esposa no le hacía gracia. Sobre todo, cuando en una ocasión la casa se estaba inundando luego de unas lluvias torrenciales y yo me limité a mirar con pasividad cómo el agua entraba a la sala sin correr como ella a buscar cubos y mapos. Así que Yéssica se limitó a decirle a Pedrito: "Déjalo, él es así. Su entusiasmo es interno".

María del Pilar estaba tan entusiasmada como todos nosotros y hacía todo lo posible para que no nos faltara nada en esa primera jornada. Cuando llegamos a la parte portuguesa del puente internacional, el panorama era muy distinto al que vimos la tarde anterior. Una densa neblina se había posado sobre el Miño y apenas había visibilidad a unos metros de distancia. Como le había advertido a los muchachos de nuestro equipo de producción que no haría ninguna expresión o actuación para la cámara, Pedrito no se atrevía a pedirme que esperara hasta que hubiera mayor claridad para comenzar a caminar. Capté su preocupación y esperé en silencio mientras unos pájaros revoloteaban entre las ramas de los árboles de

El Camino lo
comenzamos
en el puente
internacional y
pronto nos condujo
al núcleo histórico
de la ciudad.
Me detuve frente
a la Catedral,
fascinado por su
fachada gótica.

esa orilla portuguesa y yo repasaba la lista de razones y personas por las que hacía el Camino.

De pronto, unos peregrinos que venían desde Valença, Portugal, me pasaron por el lado y fue la primera vez que alguien me dijo: "buen camino". Aquel saludo me sacudió y seguí detrás de ellos. Eran las 7:30 de la mañana. Me encaminé detrás de ellos y crucé el puente para entrar a territorio español.

Confieso que esos primeros pasos los di como si la energía de aquellos caminantes me arrastrara. Me les apareé y pregunté de dónde venían. Eran unos jóvenes seminaristas italianos que habían salido de Fátima varios días antes. Tomamos una senda a la derecha que nos ofrecía una vista panorámica extramuros de la ciudad. Un hito de piedra marcaba los 115,454 metros que faltaban para llegar a Santiago. Hubiese preferido no ver esa indicación. El Camino nos condujo al núcleo histórico de la ciudad. Las calles eran angostas, de grandes losas de piedra, siempre en ascenso. En lo más alto se observaba la Catedral de Santa María, una majestuosa estructura de fines del siglo XI.

Llevábamos andando tres kilómetros y ya me sentía cansado. No pude sostener el paso que llevaban los seminaristas y me detuve frente a la Catedral, fascinado por su fachada gótica. Me asomé y vi varios peregrinos tramitando sus credenciales, una especie de pasaporte que hay que ponchar en los albergues al final de cada jornada. Luego del ponche final en la ciudad de Santiago se entrega *la Compostela*, el documento que oficialmente declara peregrino a quien ha culminado su Camino de Santiago.

Los Pedros y Yéssica me seguían como fantasmas que pretendían pasar inadvertidos. Salí de la Catedral y, por primera vez, caminé por mi propia cuenta, sin seguir a nadie, en la dirección que las flechas amarillas me indicaban. Era un ejercicio de extrema confianza que me recordó las muchas ocasiones en que el corazón me envió señales claras de por dónde debía tomar en la vida y, a pesar de ello, dudé.

Comencé a sentir hambre; hacía cuatro horas que me había despertado. Poco después de pasar un lavadero rodeado por pequeños arbustos, con sus hojas aún empapadas de rocío, vi a los seminaristas. Se habían detenido y compartían muy animados una merienda con quesos, frutas y jugos. Me uní a ellos y les regalé el primero de varios banderines de Puerto Rico que llevaba en mi mochila.

El Camino siguió entonces por tramos de arenilla, otros en asfalto, algunos por la orilla de una carretera principal que conducía a O Porriño, siempre cercanos a la corriente del río Louro. Luego se internó en un bosque que invitaba a detenerse y disfrutar de aquel delicioso silencio. El sonido de mis propias pisadas y las que discretamente producía el equipo que me acompañaba era lo único

...llegamos al Ponte das Febres, sobre el arroyo San Simón... era un bosque que invitaba a detenerse y disfrutar de aquel delicioso silencio.

La vegetación te arropa mientras el camino te lleva.

que se escuchaba. Así llegamos al Ponte das Febres, sobre el arroyo San Simón. Una inscripción al lado de una cruz de piedra explicaba que fue allí, en el 1251, donde enfermó de muerte San Telmo, beatificado como el patrón de los navegantes. El puente era pequeño, en piedra, y la arboleda a su alrededor formaba una bóveda en ramas que parecía proteger el histórico lugar.

Estos pedazos de historia me iban adentrando en la magia del Camino, en la mística de ir pisando por donde otros tantos lo hicieron en tiempos remotos o recientes. Entré a una aldea y me detuve en la única calle que había, para que un campesino cruzara con un rebaño de ovejas. Le pregunté cuánto faltaba para llegar a O Porriño y me dijo que el próximo "mojón" me daría la distancia exacta. Pedrito, que me seguía, rompió su pacto de silencio y soltó una carcajada, ya que ese término no se usa en Puerto Rico para nombrar un pequeño poste en piedra que señala las distancias en kilómetros, sino para referirse a las heces fecales en forma sólida.

¡Ya habíamos caminado diez kilómetros! Miré el reloj y no pude evitar la sorpresa: ¡eran las once de la mañana! Eso deshacía la idea que me había hecho de cuánto me tomaría hacer cada jornada. Por el entrenamiento previo, yo juraba que cada travesía me tomaría unas cuatro horas. ¡Solo llevaba tres horas y media e iba por la mitad! Las dudas me atacaron. El calor estaba aumentando y eso haría más difícil el resto de la ruta. No me podía imaginar el verdadero reto que me esperaba un poco más adelante.

Tomé otro descanso para comerme un emparedado e hidratarme. El área donde nos detuvimos estaba identificada como perteneciente a la Asociación Cultural de Lagoa. El poblado se llamaba Orbenlle y una inscripción en madera anunciaba que ya estaba en la jurisdicción del Concello de O Porriño. Eso inyectó nuevos ánimos a mi espíritu, pero muy pronto desaparecieron al verme ante una recta que cruzaba el polígono industrial As Gándaras. Aquel trayecto me pareció interminable, asfixiante y cruel. Se caminaba por un predio de tierra aledaño a la vía y una gran cantidad de camiones me pasaban a toda velocidad por el lado. La temperatura rayaba en los cien grados Fahrenheit cuando por fin vi el final de aquella prueba.

La recta terminaba en una pasarela de metal rojizo que atravesaba unas vías de tren, se elevaba y nos conectaba con el otro lado de la carretera N-550, una ruta que atravesaríamos infinidad de veces antes de llegar a Santiago. Al final de la pasarela me tiré al suelo a descansar y elevé las piernas apoyándome en una de las columnas de metal. Sentía como si miles de hormigas inquietas caminaran sobre mis pies.

Así estaba, exhausto, sin ánimo para moverme, cuando escuché las voces de unos peregrinos que me pasaron por el lado y me desearon "buen camino". Buen descanso era lo que yo necesitaba, pero devolví el saludo y, otra vez, la energía de estos nuevos caminantes me arrastró. Era una pareja y un joven. Ella llevaba un pañuelo cubriéndole la cabeza, una mochila bastante cargada de cosas y botas de escalar. Él calzaba zapatos deportivos, un pañuelo verde en forma de bandana y se le veía en buena condición física. El muchacho era flacucho, de andar despreocupado. Los alcancé y les pregunté de dónde eran. La mujer, sin perder el paso, con sonrisa fácil y ojos muy expresivos, me dijo que era de Granada, y que su marido era de Madrid, pero vivían en Murcia. Saludé al hombre, quien me

El Camino se
encargó de darme
una lección mayor
de desapego.

sonrió con cierta timidez. El joven que los acompañaba se fijó en mi mochila y me preguntó si yo era músico.

Ya se me había olvidado que cargaba una pequeña guitarra cuyo cuello sobresalía de la mochila. No seguí los consejos de los que me decían que no debía llevarla por el peso que le añadiría a mi equipaje. La quería conmigo para detenerme a cantar lo que el espíritu me pidiera. Los artesanos que conocía no me podían construir una que cupiera en un espacio tan pequeño. Busqué en la Internet y ¡eureka!, di con una guitarrita diseñada específicamente para mochilas. Me llegó dos días antes de emprender el viaje. Todo esto se lo expliqué al joven.

La conversación siguió por cinco kilómetros adicionales, pasamos frente a la ermita de San Sebastián, cruzamos el Ayuntamiento, luego doblamos a la izquierda y por fin llegamos al albergue de peregrinos de O Porriño, a la orilla del Louro. Ya, en ese momento, estaba convencido de que Felipe, Felipillo y Mariló, que así se llamaban mis nuevos amigos, eran los ideales compañeros de viaje con los que querría seguir caminando. El Camino se encargó de darme una lección mayor de desapego.

Saqué mi carnet de peregrino y me pusieron un sello con la fecha del 12 de julio de 2013, que atestiguaba que ese día había completado la primera jornada del Camino. Eran las tres de la tarde. María del Pilar nos esperaba con su automóvil para llevarnos de vuelta a su casa. Por la logística del documental debíamos regresar al centro de operación para repasar lo que habíamos grabado ese día y ver si servía. Pili, como ya empezamos a llamarle a aquella mujer de voz dulce y trato amoroso, nos tenía frutas y jugos, pero más importante aun, un balde de agua con hielo para meter los pies por varios minutos. Al poco rato, luego de un buen baño, estábamos recuperados. Yéssica quiso cocinar para Pilar y nosotros. Luego de la cena y una buena conversación, nos fuimos a acostar para estar listos para la segunda jornada, que sería muy especial e inolvidable.

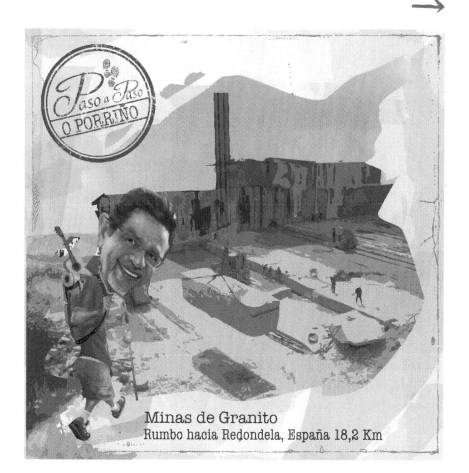

Minas de Granito
Rumbo hacia Redondela, España 18,2 Km

SEGUNDO DÍA

Este es un nuevo día
para empezar de nuevo.
Para cantar, para reír,
para volver a ser feliz.

—Facundo Cabral

Sábado 13 de julio de 2013 (6:00 a.m.)
O Porriño - Mos - Redondela (15.2 kilómetros)

Cuando sonó la alarma, el primer pensamiento que tuve fue de alivio ya que ese día caminaría cinco kilómetros menos que el día anterior. La alegría duró hasta que me intenté mover. Me dolía todo. Me arrastré como pude a desayunar y al ver los rostros de los demás, descubrí que todos estaban en la misma situación. Estiré, calenté un poco y salimos para el punto de arranque frente al albergue de peregrinos. Yéssica abandonaría ese día su labores de coordinación, pues era nuestro aniversario de bodas y lo celebraríamos caminando juntos.

Entre los peregrinos distinguimos de inmediato a Felipe y Mariló y eso nos dio mucha alegría. Siempre es mejor celebrar los aniversarios con amigos. Yo me apareé con Felipillo y comenzamos a hablar de fútbol. Descubrimos que éramos hermanos en la lucha contra el Real Madrid; él era hincha del Atleti y yo del Barça. Yéssica y Mariló entablaron su propia conversación y Felipe nos dirigía por las calles de O Porriño para salir en dirección a Mos. Ellos se detuvieron a desayunar en una panadería y nosotros continuamos la ruta. Pedrito percibió que era nuestro deseo caminar solos y nos dio una camarita *GoPro* para grabar lo que quisiéramos.

Muy pronto comenzamos a repasar los caminos recorridos en los doce años de convivencia. Una deliciosa mezcla de amor y humor era la constante en nuestra relación. Nos reíamos con frecuencia, lo que suele ser una buena señal de que la relación marcha bien. Yéssica había desarrollado la virtud de reírse de lo que ella llamaba mis

El segundo día del Camino lo hice junto a mi esposa Yéssica
para celebrar nuestro sexto aniversario de bodas.

continuas visitas al mundo de Peter Pan. Y ¡qué bueno!, porque la otra opción era morir de un ataque cardíaco. Sus padres se divorciaron cuando ella estaba en su temprana adolescencia y aprendió a valerse por sí misma, con el apoyo moral de su madre y su tía. Por su excelencia académica consiguió becas que le llevaron a hacer una maestría en teatro de la Universidad de Essex, en Londres. Por su carácter independiente es del tipo de personas que se preocupan por todo. Yo, por venir de una tribu de 16, donde nada se daba por seguro, soy de los que parte de la premisa de que todo va a salir bien, candidato idóneo para la banda de los músicos del Titanic.

Desde esas formas diferentes de ver la vida nos enfrentamos al diagnóstico de cáncer de próstata a finales de septiembre de 2005. Los miedos se me dispararon cuando escuché la palabra cáncer. Por unos minutos me imaginé todo lo peor que podía pasarme, incluso la muerte. Pero logré echar mano a las herramientas que por tantos años había desarrollado en mis libros de motivación: me concentré en la respiración, conecté con mi cuerpo en aquel momento presente, y pude darme cuenta de que estaba vivo; que todo lo que mi mente me estaba proyectando era una fantasía que me torturaba y me quitaba energía. Sentí que mi esposa me apretaba la mano con fuerza.

De inmediato ella le preguntó el doctor cuál era la metodología más eficiente para enfrentar mi enfermedad. El urólogo dijo que lo más eficaz era una cirugía radical. Me advirtió que debía pensarlo pues existía la posibilidad de tener disfunción eréctil e incontinencia urinaria por un tiempo. Según me explicó, la mayoría de los hombres escogían otros métodos, aunque fueran peligrosos, y menos efectivos, por temor a perder su virilidad y a la vergüenza de no tener control de su vejiga. Yéssica me comentó que lo importante era remover las células cancerosas lo más pronto posible, que lo otro era una tonta preocupación machista.

Esos dos años de recuperación después de la operación me demostraron la calidad de ser humano que Dios me había regalado como compañera. Mientras yo me preocupaba de mi recuperación como el macho de la manada, ella se regocijaba porque ya el cáncer no habitaba en mí. Estoy convencido de que a cada hombre le sería muy beneficioso vivir la experiencia de estar por un tiempo con disfunción eréctil e incontinencia urinaria. Se aprende a ser vulnerable, a conectar con la verdadera esencia de lo que es una relación íntima, a apreciar un abrazo, a abrirse a recibir, y a reconocer que, aun cuando tienes que usar un pañal desechable en lo que recuperas el control de los esfínteres removidos, seguimos siendo seres humanos maravillosos, con nuestra dignidad intacta.

Estábamos recordando toda esa experiencia cuando el paisaje de los campos gallegos cercanos a Mos nos hizo detenernos. Todo lo que nos rodeaba estaba sembrado. La Madre Tierra devolvía con creces el cariño que aquellos campesinos le dispensaban. Un señor cercano a los ochenta años, con un azadón, limpiaba una zanja para que el agua corriera por su huerto. Lo saludamos y le preguntamos si la siembra era comercial. Nos dijo que no, que era para el consumo familiar, y que así lo hacía el resto de sus vecinos. "Tenemos que ser responsables de nuestra comida", nos dijo. Y abundó: "uno nunca sabe lo que puede suceder y debes tener en el patio de tu casa lo que se necesita para el sustento por el tiempo que sea necesario". Me pareció que aquel hombre, que se llamaba José Luis, nos hablaba a los puertorriqueños.

Para fines de los años treinta y comienzo de la década del cuarenta, cuando supuestamente vivíamos en la pobreza, de nuestra tierra salía la mayor parte de lo que necesitábamos para nuestro sustento. Hoy día el ochentaicinco por ciento de lo que consumimos viene de afuera. Si ocurriera una situación en la que se cerraran los puertos aéreos y marítimos no tendríamos comida para más de dos semanas. Le agradecimos a don José Luis su enseñanza y seguimos hasta Mos.

Al pasar por el pueblo le preguntamos a un parroquiano cuánto faltaba para llegar a Redondela. Nos dijo que cuatro horas. Ya llevábamos tres y media de camino. Él preguntó de dónde veníamos, pues le parecíamos suramericanos. Luego de conversar un poco nos dijo en gallego "buen camino". En ese pequeño encuentro se dio una asombrosa coincidencia que más adelante descubrirán. Ante la noticia de que nos faltaban tantas horas de camino decidimos parar a tomarnos un descanso.

Lo hicimos en un merendero cerca de la iglesia de Santa Eulalia, una estructura de estilo barroco que constituye el centro de la parroquia de Mos. Detrás de ella, una montaña cubierta de neblina me recordó nuestro Yunque donde, según los indios taínos, habitaba Yukiyú, el dios bueno. Los dos Pedros nos alcanzaron y allí conversamos con un joven que habíamos visto peregrinar sin otra compañía que su mochila y su espontánea sonrisa. Se llamaba David, era de Donostia y

...el paisaje de los campos gallegos cercanos a Mos nos hizo detenernos. Todo lo que nos rodeaba estaba sembrado. La Madre Tierra devolvía con creces el cariño que aquellos campesinos le dispensaban.

trabajaba en Londres en una importante empresa. Usó sus vacaciones para hacer el Camino de Santiago.

Una empinada rampa nos devolvió a un camino en el que el único sonido que nos circundaba era el chasquido de las tenis sobre la arenilla de la superficie del terreno. Cerca del kilómetro siete nos adentramos en un bosque de pinos, eucaliptos y robles. Me vinieron a la mente unos versos en coplas. Sentí la necesidad de musicalizarlos y me senté entre unos árboles enormes. Saqué la guitarra, la afiné con una aplicación de mi teléfono móvil, y me puse a cantar lo que había compuesto.

A la vera del camino
aquí me puse a cantar
por si había un peregrino
que me quisiera escuchar.

Difícil fue el camino
desde Tui hasta O Porriño.
Es difícil caminar
si no se hace como un niño.

De camino a Redondela
aquí nos hemos parado
porque es más lindo el camino
cuando se hace descansado.

Pedrito aprovechó mi aislamiento creativo para hacerle algunas preguntas en cámara a Yéssica. De lo que ella habló me enteré luego, cuando estaba editando el documental, y me emocioné mucho. Eran sus reflexiones sobre la experiencia de ser cuidadora de un paciente de cáncer. Años después me tocó a mí devolverle algo de lo que ella me había dado. Estuvimos por más de un año de especialista en especialista buscando la explicación a unos dolores de pecho y otros síntomas extraños que la atacaban constantemente. Bajó de peso de forma dramática y la veía tan mal que llegué a temer por su vida. El estrés, ese asesino silencioso que recorre las sociedades modernas, había aprovechado la difícil situación económica que enfrentábamos para atacarla sin piedad. El Camino de Santiago fue el comienzo de su recuperación.

Seguimos la ruta. Nos reímos como niños inventando trabalenguas con los animales que íbamos encontrando: una gallina gallega agallada con el gallo gallego sin agallas, y un burro aburrido embarrado de barro. Comimos manzanas silvestres, cogimos ramitas de uvas y nos imaginamos los ricos vinos que de ellas saldrían, nos compadecimos de unos felices conejos que corrían en el patio de un lugar donde anunciaban "deliciosos platos con carne de conejo"; perdimos la ruta en algunos momentos y luego la retomamos, y así se nos fue dando la mejor celebración de aniversario de nuestra vida.

En el barrio de O Souto retomamos la carretera 550 a la altura del kilómetro 12.3. El calor subió repentinamente cuando entramos a la ciudad de Redondela, mucho más activa que O Porriño. Pasamos por debajo de un interesante viaducto abandonado. Mientras lo retratábamos, una señora se nos acercó para contarnos una terrible historia. El arquitecto que lo diseñó, frustrado porque no se terminaba de inaugurar, se subió al mismo y se lanzó al vacío. Desde entonces se había convertido en el lugar preferido de los suicidas. No era lo que necesitábamos escuchar para culminar nuestro recorrido de aniversario, pero fue lo que ella nos contó. La vida viene así, con las cosas que queremos y con las que llegan, que se aceptan tal y como vienen.

Llegamos a la Casa da Torre, una residencia señorial renacentista del siglo XVI habilitada para ser albergue de peregrinos. Allí nos sellaron el carnet. Pilar nos esperaba, cada día con más abrazos y besos, y nos pidió que descansáramos en lo que llevaba a "los Pedros" a un supermercado. No se nos hizo difícil obedecerla.

Nos despertamos con un fuerte olor que salía de la cocina. Pedrito había dejado la cámara, y Pedro Iván la vara con el micrófono, para convertirse en los *chefs* de la noche. Nos habían confeccionado una maravillosa cena de aniversario: arroz con garbanzos, pollo al caldero, tostones de plátanos que milagrosamente consiguieron en el mercado, abundante ensalada multicolor, ya que Yéssica es vegetariana, y dos exquisitas botellas de Albariño que María del Pilar sacó de su nevera. Habíamos completado una extraordinaria jornada pero nos faltaban cinco días de grandes emociones y difíciles retos.

Viaductos de Ferrocarril
Rumbo hacia Pontevedra, España 18,2 Km

TERCER DÍA

Camino, viejo camino
de bejucales con maña,
eres como un arañazo
en la piel de la montaña.

—Aristalco Calero

Domingo 14 de julio de 2013 (7:00 a.m.)
Redondela – Pontevedra (18.2 kilómetros)

Redondela es una hermosa villa de viaductos en la ría del Vigo. Frente al albergue había un grupo de jóvenes cantando y riendo, embriagados con la pavera de mozos y con uno que otro espíritu destilado. No eran peregrinos y resultaba obvio que para ellos no había terminado la noche. Sin embargo, al ver al grupo de peregrinos que salía del albergue bajaron la voz y nos miraron con cierta reverencia.

Esta tercera jornada la hice con la gorra y la camiseta de la campaña que se llevaba en Puerto Rico a favor de la excarcelación de Oscar López Rivera. En Chicago, donde vivía, desarrolló un intenso trabajo social. Luchaba por los derechos de los latinos y por la independencia de Puerto Rico. Fue acusado de conspiración sediciosa, un delito que data de los tiempos de la Guerra Civil y que se usaba contra aquellos que pretendían derrocar el gobierno de los Estados Unidos por la fuerza. Oscar llevaba, hasta el año 2013, treinta y dos años en cárceles de los Estados Unidos, lo que lo convertía en el más antiguo prisionero político del hemisferio. Ese domingo se efectuaría en la isla una marcha integrada por personas de diversas ideologías, partidos políticos, grupos cívicos y religiosos hasta su pueblo de nacimiento. Desde el Camino de Santiago me quería solidarizar con la manifestación.

Un consejo que Oscar López Rivera le escribió a su nieta Karina en una carta que se publicó en el periódico *El Nuevo Día* me sirvió de inspiración para dar los primeros pasos de esa tercera jornada:

"Llena tu corazón con amor, compasión, esperanza y valor. Ámate a ti mismo, a tu familia, a tus compañeros y compañeras, a la tierra, al mar, a la libertad y a la justicia, y a todo aquello que represente y haga posible la vida."

Pedrito había prometido que ese día no me perdería el rastro, sería mi sombra. Mientras, Pedro Iván y Yéssica se adelantaron a Pontevedra a coordinar unas entrevistas con un representante de la Asociación de Amigos del Camino.

Salimos del albergue de peregrinos y tomamos un calle muy angosta, la rúa de Queimaliños, pasamos por debajo de uno de los arcos del viaducto, cruzamos unas vías del tren que viene y va de Vigo a Pontevedra y enfilamos por la 550. Pedrito se adelantó para tomar una vista desde un puente y yo continué. De pronto me vi subiendo la carretera por una empinada cuesta. Eché de menos las flechas que me indicaban que estaba en la ruta correcta.

Así estuve por varios kilómetros hasta que, como aparecidos de la nada, surgieron cruzando la vía Felipe, Felipillo y Mariló. Me había perdido porque no presté atención a un desvío del Camino frente a la capilla de Santa Mariña. Seguí con ellos por un tramo que atravesaba un bosque de pinos y eucaliptos. Cuando llevábamos cinco kilómetros paramos a merendar.

Un hombre de barba espesa y aspecto soñoliento atendía a unos catorce peregrinos que habían llegado al lugar. Su buen café y una ricas tostadas con

La tercera jornada la hice con la gorra y la camiseta de la campaña que se llevaba en Puerto Rico a favor de la excarcelación del preso político Oscar López Rivera.

mermelada nos devolvieron algo de la energía perdida. Felipe aprovechó para preguntarme por el significado de mi vestimenta y de la situación de mi país. No nos tomó mucho tiempo concluir que la crisis económica que vivíamos no era muy distinta en contenido a la de España y que, en ambos países, los que tomaban las decisiones políticas parecían cortados con la misma tijera. Seguimos la conversación mientras retomábamos la ruta.

Pude recordar cuando a los veintidós años de edad me uní a la desobediencia civil que se hizo en la isla-municipio de Culebra para que la Marina de Guerra de los Estados Unidos dejara de usarla como escenario de prácticas bélicas. La lucha logró que el Departamento de la Defensa en Washington ordenara el cese de las prácticas militares allí, pero las intensificó en Vieques, la otra isla perteneciente al archipiélago puertorriqueño. La lucha también se trasladó allá y finalmente se logró su salida el 1 de mayo de 2003, siete décadas después de que los "marines" ocuparan la isla municipio.

Mariló quiso saber si le afectaba negativamente a un artista solidarizarse con este tipo de movimiento político. No tuve que pensarlo mucho: "acarrea serias consecuencias, en oportunidades profesionales y económicas", le contesté. Mientras bajábamos una cuesta arenosa que daba a una vía asfaltada recordé otro pensamiento de Oscar: *Es el camino el que nos escoge a nosotros; la lucha te atrapa si tienes abierto el corazón y la voluntad para combatir las injusticias.*

Luego de un tramo por la carretera, volvimos a entrar al bosque y a unos trescientos metros tuvimos una espectacular vista panorámica de la ría del Vigo, salpicada de casas recostadas a la ladera de la montaña. Esa paz de los domingos en la mañana, complementada con aquel paisaje maravilloso la recibí como otro regalo del Camino.

Salimos del bosque y cerca de Arcade, al pasar *la fonte do lavandeira,* vi una familia que aprovechaba para merendar sentada en los muros de piedra que protegían la fuente. Me llamó la atención la presencia de dos niñas y un niño, con vestimentas deportivas muy coloridas. "¿Sois de Cuba?", me preguntó el padre fijándose en la pequeña bandera que llevaba al tope de mi mochila. Le expliqué el porqué del parecido de nuestra bandera con la cubana. Tanto la independencia de Puerto Rico como la de Cuba eran parte del proyecto principal del Partido Revolucionario Cubano establecido en Nueva York en la segunda mitad del siglo XIX, lo que les llevó a diseñar banderas similares, pero con los colores invertidos, para ambas naciones.

Le regalé una de las banderitas de Puerto Rico a la niña menor. La madre me preguntó si era músico y creí conveniente contestarle con una canción. Fue un momento íntimo, hermoso, inolvidable. Allí estábamos, un domingo en la mañana, gente que el Camino había juntado, cantando el poema de Antonio Machado musicalizado por el catalán Joan Manuel Serrat, que culmina con la máxima: *caminante no hay camino, se hace camino al andar.*

Pedro, Ángeles, María Ángeles, Pedrito y Carmen, la familia Marín Soto, se convirtieron en otros de los peregrinos que hubiera querido tener de compañeros de viaje por el resto del Camino. Con ellos atravesamos Arcade y descendimos al Ponte Sampaio, sobre el río Verdugo, construido con arcos en piedra para limitar el fluir de la corriente. Allí se libró una batalla durante la Guerra de Independencia, donde los gallegos expulsaron a los franceses de su territorio. Una inscripción en el mismo puente nos advertía que aún faltaban más de diez kilómetros para llegar a Pontevedra.

Pasamos otro puente y nos adentramos en la Brea Vella da Canicouva. El empinado ascenso a la cima del monte de la Fracha fue el momento de mayor

> Pedro, Ángeles, María Ángeles, Pedrito y Carmen, la familia Marín Soto, se convirtieron en otros de los peregrinos que quería tener de compañeros de viaje por el resto del Camino.

La familia Marín Soto fue uno de los mejores regalos que me hizo el Camino.

cansancio en todo el viaje. Ya no podía más. Pedrito me recomendó que parara y se ofreció a ayudarme con la mochila, pero yo sabía que si paraba no podría seguir. Entonces descubrí algo: el cansancio tiene un componente físico inevitable, pero hay un componente mental que puede transformarse. Observé que el foco de mi atención estaba en lo cansado que estaba y eso me hacía sentir más cansado aun. En muchas ocasiones en la vida nos enfocamos en los problemas que tenemos y seguimos en ese callejón sin salida. Unas florecillas color violeta, así como otras amarillas y blancas, que crecían a la orilla de aquella empinada cuesta de tierra y arcilla, comenzaron a cambiar el foco de mi atención. Los patrones geométricos y de colores que exhibían eran una obra de arte de las que a diario nos regala la naturaleza. Mientras aumentaba mi atención hacia las flores, iba disminuyendo mi cansancio.

Entonces, la menor de las niñas de la familia que recién había conocido, me pasó por el lado ¡corriendo! a buscar una botella de agua que le ofrecía su papá unos metros adelante. Su energía me contagió y aceleré el paso. Poco después comencé a escuchar el sonido

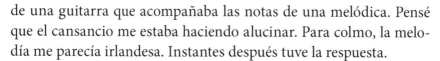
de una guitarra que acompañaba las notas de una melódica. Pensé que el cansancio me estaba haciendo alucinar. Para colmo, la melodía me parecía irlandesa. Instantes después tuve la respuesta.

Una joven, con pantalón deportivo, blusa roja y pelo recogido en forma de cola, tocaba la melódica. Le acompañaba en la guitarra un joven de sonrisa tímida, vestido de mahón y camiseta anaranjada en la que había impresa una frase en gallego. Al lado había una mesa y una nevera portátil. Un pequeño letrero anunciaba refrescos a un euro y emparedados a dos.

Poco después de alimentarnos me puse a tocar guitarra con ellos. Pablo Grela Estéves, licenciado en Historia del Arte de la Universidad de Santiago de Compostela, y Diana Brea Ledo, licenciada en Bellas Artes de la Universidad de Vigo, me contaron que estaban en el paro, esto es, desempleados. Trataban de ganarse unos euros con lo que vendían a los peregrinos y a ratos practicaban algunos ejercicios musicales. Les llamó la atención la forma triangular de mi pequeña guitarra. Yo quise saber lo que significaba lo que decía la camiseta del chico: *A liberdade é unha conquista diaria.* "La libertad es una conquista diaria", me explicó. "Fui parte del movimiento de los indignados que, a partir de la manifestación que se dio el 15 de mayo de 2011 en la Puerta del Sol, en Madrid, se regó por toda España para reclamar una democracia más participativa y rechazar el dominio de los bancos y corporaciones sobre la economía", concluyó. Yo le mostré entonces lo que decía la parte de atrás de mi camiseta: *Si pretendo vivir tengo que luchar y luchar si pretendo vivir,* y le expliqué quién era Oscar López Rivera, el que había dicho esa frase. Un abrazo selló aquel encuentro que no creo que haya sido producto de una mera casualidad.

Al comenzar a bajar de la montaña tuvimos una panorámica de la ría de Pontevedra donde los ríos de esa región de Galicia se abrazan al Océano Atlántico. Cuenta la leyenda que cuando Dios terminó la Creación, se apoyó en su mano para descansar y la huella de sus dedos creó las rías gallegas. Había visto el mapa de la llamada "Mano de Dios" en la Internet, pero observarlo sin prisa desde la montaña, en el mediodía de aquel domingo inolvidable, fue un momento de comunión con la creación y con ese misterio al que aún insisto en buscarle explicaciones.

Cuando llegamos al albergue de Pontevedra, extenuados como nunca antes, Pedro Iván y Yéssica nos esperaban con don Tino, el presidente de la Asociación de Amigos del Camino Portugués.

Un muro de piedra oculto entre la maleza indicaba que faltaban setentaidos kilómetros para llegar a Santiago y seis para Pontevedra. *"En la vida todo es ir"*, nos decía el poeta nacional Juan Antonio Corretjer, así que no había otra opción que seguir caminando. Cruzamos una carretera local, luego una pista de tierra y el Camino se adentró por un tramo entre eucaliptos y robles donde la temperatura era mucho más agradable. Al salir de ese tramo pasamos por unos maizales y poco después me topé con uno de los puntos de referencia que tenía anotado en mi móvil: la capilla de Santa Marta. Parecía que el tiempo no había pasado desde el 1617, cuando fue construida. Entré. Dos velas en la entrada parpadeaban a punto de consumirse. Junto a ellas, unas flores casi secas aún expedían un agradable aroma. El silencio invitaba al disfrute sosegado de aquel espacio.

Sentado en un rústico banco recordé que a los dieciocho años fui aceptado en un seminario para hacerme sacerdote. Para el mismo tiempo me llegó la aprobación de mi solicitud para estudiar ingeniería. Tenía que decidir. Por un lado, la vocación sacerdotal y, por otro, la responsabilidad económica que sentía con mi familia que ya no podía sostenerse con el seguro social que recibía mi papá y con lo que mi mamá generaba tejiendo. Luego de evaluarlo concluí que como ingeniero les podía ayudar mucho más que como sacerdote. ¡Y me fui a estudiar ingeniería! Mi vocación sacerdotal duró apenas un mes.

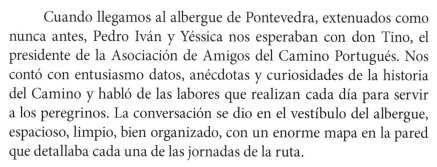

Cuando llegamos al albergue de Pontevedra, extenuados como nunca antes, Pedro Iván y Yéssica nos esperaban con don Tino, el presidente de la Asociación de Amigos del Camino Portugués. Nos contó con entusiasmo datos, anécdotas y curiosidades de la historia del Camino y habló de las labores que realizan cada día para servir a los peregrinos. La conversación se dio en el vestíbulo del albergue, espacioso, limpio, bien organizado, con un enorme mapa en la pared que detallaba cada una de las jornadas de la ruta.

Mientras hablábamos, seguían entrando peregrinos. Los que ya habían llegado se duchaban, lavaban ropa en el patio, o se dejaban caer en la grama a descansar. El resto de la tarde lo ocupamos disfrutando de la ciudad y añadiendo pasos a nuestra experiencia.

En la cena, en un acogedor rincón de Pontevedra, nos tomamos un buen vino Godello y comimos los famosos pimientos de Padrón, que son muy pequeños, pero de un sabor delicioso. Tienen distintas tonalidades de verde y algunos resultan muy picantes. Se supone que sea de buena suerte para quien le toque esa variedad. Yo fui uno de los agraciados.

Me acosté satisfecho de que ya estaba más cerca de lograr mi meta, pero desconocía el escabroso camino interno que me tocaría atravesar al día siguiente.

Ponte do Burgo
Rumbo hacia Caldas de Reis, España 23 Km

CUARTO DÍA

*Hoy puede ser un gran día
donde todo está por descubrir
si lo empleas como el último
que te toca vivir.*

—Joan Manuel Serrat

Lunes 15 de julio de 2013 (6:00 a.m.)
Pontevedra – Caldas de Reis (23 kilómetros)

Pontevedra es una ciudad que amerita varios días para disfrutársela. Está enclavada en el margen izquierdo del estuario del río Lérez. Salimos del albergue para visitar la iglesia de la Virgen Peregrina, patrona de la ciudad y de todos los que hemos decidido hacer el Camino Portugués. Es redonda, la única en España, de estilo barroco y neoclásico. Su estructura principal simula una vieira, símbolo de los peregrinos. La vieira está formada por un medallón de carne y un coral o concha que lo protege. El coral, por su forma abombada, era utilizado por los peregrinos como vasija para tomar agua de los ríos y manantiales.

Seguimos por el casco antiguo de la ciudad, respirando historia ante cada monumento, edificio o plaza que pasamos hasta llegar al Ponto do Burgo, un puente de piedra medieval del que se origina el nombre Pontevedra (puente viejo en latín) que contrasta con el moderno puente de Tirantes que nos impresionó por su belleza arquitectónica cuando vinimos en automóvil desde Santiago a Tui. Por otro puente, el de las Corrientes, comenzamos a salir de la encantadora ciudad y el Camino nos llevó a barrios, parroquias y aldeas que despertaban al inicio de la semana de trabajo, cada lugar con su propia huella en la historia.

Luego de seis kilómetros, el cansancio comenzó a hacer mella. En un muro alguien escribió un *graffiti* que decía: "*Ánimo, ya queda menos*", con dos flechas amarillas que apuntaban hacia

Santiago. Poco después nos encontramos con Félix Torres, un hombre de unos cincuenta años, de extraordinaria condición física y de palabra fácil, que por años ha colaborado con *Los Amigos del Camino Portugués.* María del Pilar le había hablado de nuestro peregrinaje y quiso acompañarnos un buen tramo. Con él tomamos un camino de la vía romana que recuerdo como uno de los parajes más hermosos del recorrido. Varios arroyos se nos cruzaban entre calzadas que nos permitían lavarnos la cara para recargar energías. El sol colaba sus rayos por las copas de los árboles y los pinos inmensos nos regalaban su sombra, ambiente propicio para la conversación.

—¿Este camino se usa por otra gente? —quise saber.

—No. Solo peregrinos pasan por aquí.

—¿Por qué tanta gente hace el Camino de Santiago? ¿Qué busca el que lo hace?

—Es algo muy personal —reflexionó Félix—. Hay quien lo hace para conocer nuevos lugares, otros como deporte, muchos por razones espirituales. Hay quienes lo hacen solos, en su meditación, pensando en sus cosas íntimas. Pero no importa las razones por las cuales lo haga, ni cómo lo haga, el peregrino que llega a Santiago es una persona distinta a como era cuando empezó el Camino.

Una estruendosa sirena interrumpió la quietud en la que se daba nuestro diálogo. Nos detuvimos justo en las vías

...tomamos un camino de la vía romana que recuerdo como uno de los parajes más hermosos del recorrido. El sol colaba sus rayos por las copas de los árboles y los pinos inmensos nos regalaban su sombra...

por donde pasó un tren de carga con trece vagones repletos de enormes troncos de eucaliptos. Poco después, una inscripción debajo de una concha de vieira nos indicaba que faltaban 49.995 kilómetros para llegar a Santiago. ¡Ya habíamos sobrepasado la mitad del camino!

Félix se despidió con un fuerte abrazo y prometió que nos acompañaría otro tramo el día siguiente. Seguimos por varias horas adicionales por la vía 550, con autos y camiones pasándonos a alta velocidad por el lado. El Camino dejó esa carretera y entonces tomamos por unas veredas que nos condujeron a la aldea de Tivo. El sol castigaba sin clemencia y aún faltaban muchos kilómetros para Caldas de Reis. Me senté en un muro al lado de una fuente. Llené la botella de agua y me la derramé en la cabeza.

Un mayor cansancio se apoderó de mí. No era el físico, que ya era bastante. Poco a poco lo fui identificando. Era un cansancio mental y emocional que había arrastrado tal vez por años, debido a que cargaba una pesada mochila, llena de compromisos y responsabilidades autoimpuestas, en mi afán por vivir una vida que complaciera a otros.

Como artista me empeñaba en superar las expectativas de los que me seguían. En la política regalaba mi tiempo a los que esperaban de mí un compromiso inquebrantable con la lucha. Pero, sobre todo, con mi familia, me autoexigía ser

Sentía un cansancio existencial... pretendía ser la fuente inagotable de todo, un *Superman* que no se detenía ante nada, fuera enfermedad, falta de dinero o tiempo, o cansancio extremo.

un *Superman* que no se detenía ante nada, fuera enfermedad, falta de dinero, tiempo, o cansancio extremo.

Lo aprendí de niño, cuando todos los días observaba a mi papá echarse una caja de herramientas de carpintero al hombro para salir a buscar trabajo. Cada tarde regresaba frustrado. Eran tiempos muy difíciles con muchas tardes en las que no había qué comer. Entonces, mi mamá nos ordenaba salir a buscar algo para la comida: sacar un ñame de la tierra, tumbar una pana de un árbol, cortar un racimo de plátanos o guineos y buscar huevos de gallina en algún nido en el monte. Ella lo hacía con una sonrisa, convencida de que en algún lugar del vecindario estaba el sustento de aquella tarde. Papi se enfermó de los nervios. La presión de fallar en ser el proveedor lo avasalló. Mami se dedicó a hacer labores en la casa para la industria de la aguja y, con lo poco que le pagaban, logramos echar hacia delante.

En aquellos días de mi infancia aprendí que ese rol de proveedor era incuestionable. Además, no quería que mis hijos vivieran las dificultades que viví. Luego aprendí que esas dificultades fueron una bendición, ya que moldearon mi carácter. En aquellos tiempos en que me estrené como padre, el país se enfrentaba a los comienzos de una gran crisis económica. Pero tanto el país como sus ciudadanos nos empeñamos en dar la impresión de ser lo que no éramos. Había ambición de escalar en la esfera social. Era imprescindible tener un buen plan médico, los hijos en colegios privados, viajar fuera del país en las vacaciones, tener buena ropa y dinero suficiente para divertirse. Todo esto exigía trabajar sin parar, sin pensar... y sin ahorrar.

Fueron tiempos en que las reglas del pasado de las relaciones de pareja ya no nos servían y aún no se conocían las reglas del presente. El matrimonio dejó de ser para toda la vida y los que nos volvimos a casar, con hijos de matrimonios anteriores, cargábamos con la culpa de no darles a ellos la estabilidad que nuestros padres nos dieron.

¡La culpa! Sentirse culpable es como tener un cáncer que corroe todos los tejidos emocionales y tergiversa las buenas acciones. ¿Cuánto de lo que hacía era impulsado por la culpa? ¿Cuánto por un auténtico sentido de responsabilidad? ¿Dónde quedaba la línea que dividía lo uno de lo otro?

Durante un trayecto del Camino comprendí que debía liberarme del rol de *Superman* que me había impuesto a lo largo de mi vida.

Me impuse la tarea de ser el mejor papá. Los que me conocen saben que esa fue y siempre ha sido mi prioridad. Por eso nunca decía que no y siempre estaba disponible, presente, pudiera o no, en lo que la familia necesitara. Si en algo fallé fue en eso: en nunca decir que no, en no mostrarme vulnerable. Los logros de todos mis hijos, de los que me siento muy orgulloso, me dicen que valió la pena el rol que me impuse. Pero también es cierto que pretender ser un *Superman* a la larga te pasa la factura.

Acogerme a la Ley de Quiebra me había golpeado fuerte, no tanto por lo que acarreaba a nivel personal, sino porque me vería obligado a decirle a algunos miembros de mi familia y a la sociedad que me observaba: "No puedo". En tres días cumpliría sesentaicinco años. Allí sentado, en un recodo del Camino de Santiago, comprendí que aquella mochila del pasado me pesaba demasiado.

Volví a llenar la botella de agua y otra vez me la derramé por la cabeza. Mientras el líquido chorreaba por mi rostro, y luego por la ropa, sentí que se me iba desprendiendo la capa de *Superman*. Vino a mi mente la reunión que había tenido en San Juan pocas horas antes de salir hacia España. Reflexioné: "si el banco me quita el automóvil, las obras de arte, el terreno donde mi papá había sembrado un árbol de flamboyán, la casa de mis sueños que con tanto trabajo construí, ¿qué podía pasar?". Lo vi claro: seguiría siendo quien yo era, tal vez con una mochila mucho más liviana. Tal vez había esperado demasiado tiempo, pero era el momento de comenzar a decir "no puedo".

Llevaba cuatro días caminando y era muy poco lo que había necesitado para sobrevivir. La abundancia de cariño que encontraba en el Camino me colmaba. Nadie me podía quitar lo andado... y mucho menos lo que me faltaba por andar. Respiré profundo. A una distancia prudente Pedrito, Yéssica y Pedro Iván me observaban. Me levanté... y seguí la ruta.

Ya estaba entrando al casco del pueblo, atravesando un puente, cuando escuché que me llamaban. Abajo, junto al río, Felipe, Felipillo, Mariló y un buen grupo de peregrinos disfrutaban en un bar con vinos, quesos, jamones y pimientos de Padrón el final de aquella jornada. Bajé donde ellos, saqué la guitarra y cantamos por un buen rato. Conocí otros amigos de Murcia, nos reencontramos con David e hicimos amistades con gente de otras latitudes. Antes de llegar al albergue *La Posada de Doña Urraca*, a ponchar la credencial, me detuve en la fuente de agua termal y metí los pies en el agua caliente. La naturaleza se encargó de darle a mis pies el descanso que ya el Camino le había dado a mi alma.

Fuente de Las Burgas
Rumbo hacia Padrón, España 18,5 Km

QUINTO DÍA

Los caminos...
fueron a encontrarse
cuando el hombre ya no estuvo solo.
—Pablo Milanés

Martes 16 de julio de 2013 (6:00 a.m.)
Caldas de Reis – Padrón (18.5 kilómetros)

Salí del municipio de Caldas de Reis con renovada energía. Tal vez fue el calor de noventaicinco grados Fahrenheit (treintaicinco centígrados) que recibieron mis pies de la fuente de aguas termales, quizás la meditación que me llevó a soltar la capa de *Superman*, o la alegría de saber que me faltaban tan solo cuarentaicinco kilómetros para llegar a Santiago.

Tomamos la rúa de San Roque, pasamos por la capilla del patrón de la ciudad y de ahí llegamos a la 550. Luego de un buen rato, mi esposa apretó el paso y se me acercó para decirme que creía que estábamos en el Camino equivocado. Me puse a consultar la ruta en la Internet, con la parsimonia que a ella le suele desesperar, y cuando levanté la vista para decirle que tal como ella creía íbamos por otra ruta, no la vi. Al poco rato apareció con un joven del vecindario que le confirmó que habíamos perdido el Camino. Teníamos dos opciones: dar hacia atrás y tomarlo desde donde nos desviamos o seguir por la 550 hasta que el Camino se nos cruzara.

Yo me inclinaba a seguir por la 550, pero no lo expresé. Ante la incertidumbre, Yéssica prefería regresar al punto de origen y así lo dijo. Como en otras ocasiones, me tomé todo el tiempo del mundo para pensarlo. La mañana estaba húmeda y la neblina limitaba la visibilidad. Tal vez no era aconsejable seguir la carretera con el tráfico pasándonos por el lado. Yéssica se desesperó porque yo no acababa de decidir y se fue molesta, por su cuenta, por la 550. La seguí a

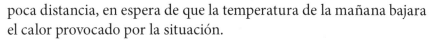

poca distancia, en espera de que la temperatura de la mañana bajara el calor provocado por la situación.

Diez minutos después, cuando ya comenzaba a preocuparme de que no veía señales del Camino por ningún lado, un automóvil nos sonó su bocina con insistencia. Era Félix, que salió a buscarnos cuando no llegamos al punto donde el día anterior quedamos en encontrarnos. En el auto nos regresó al lugar de inicio, exactamente donde Yéssica había sugerido.

Allí nos topamos con Felipe, Mariló y Felipillo y celebramos la casualidad –o debo decir causalidad– de este nuevo encuentro. También se nos unió don Tino, el presidente de la Asociación, que pasó a contarme un poco más de la historia del Camino.

—En los inicios, ¿qué movía a la gente a peregrinar? —pregunté.

—Recuerda que esto comienza en el siglo IX —me dijo— y había en la Península Ibérica un avance importante del Islam. Estábamos en la reconquista y hacía falta algo que inspirara, que diera fuerza al cristianismo en contra de la invasión islámica. Así, Santiago se convirtió, junto con Jerusalén y Roma, en uno de los lugares más importantes del peregrinaje cristiano.

—¿Por qué el bordón?

—El bordón es una especie de bastón con una punta en metal que tenía la doble función de servir de apoyo en momentos de cansancio y de defensa contra los animales. En el siglo XII y XIII estos eran caminos muy solitarios.

—¿Estamos pasando por uno de esos caminos originales?

—Silverio, esta tierra que estás pisando la han pisado reyes, obispos, artistas famosos, escritores y gente de a pie que al igual que tú han querido ser parte de la historia del Camino de Santiago.

—¿Y cuál es el verdadero Camino?

—Yo estoy convencido de que todos son el Camino a Santiago, pero para mí este es *el Camino de Santiago* pues pasa por Padrón, donde llegó la barca que traía los restos del Apóstol.

Don Tino utilizó su bordón para señalarme la distancia que en ese momento marcaba la inscripción en el muro de piedra al que llegamos: 32.410 kilómetros para Santiago. Poco a poco nos fuimos adentrando en un encantador trecho que nos llevó al monte Albor, con el río Valga serpenteándonos al lado. Yo estaba bastante cansado pues llevaba once kilómetros sin parar desde Caldas de Reis y volví a utilizar la guitarra para el descanso mental y emocional que tanto necesitaba. A mi esposa le gustó este verso que improvisé:

> *En la tupidez del bosque*
> *me senté más de una vez*
> *a reflexionar un poco*
> *de mi propia estupidez.*

¿Cuándo se nos quitó el enojo? No sé. Por lo despistado que soy se me suele olvidar que estoy enojado, y Yéssica, cuando se desahoga, se desenoja.

Al salir del bosque, luego de cruzar otro río, se llega a un grupo de casas rurales. Encima de la señal que indicaba que faltaban ya menos de treinta kilómetros para llegar a Santiago había diversas piedrecillas, cada una guardaba un deseo de quienes las dejaron allí. También había unas botas viejas que sabrá Dios cuántos kilómetros caminaron. Dentro de una de ellas dejé otra banderita de Puerto Rico.

En un merendero me encontré a los Marín Soto, quienes de inmediato me ofrecieron pan y guineos, que era lo único que les quedaba.

—¿Por qué hacen el Camino? —quise saber.

...nos fuimos adentrando en un encantador trecho que nos llevó al monte Albor, con el río Valga serpenteándonos al lado...

—Hay un motivo religioso —contestó el padre —. También hay un motivo deportivo, de disfrute de la naturaleza, pero sobre todo, quisimos aprovechar la semana de vacaciones y estar juntos como familia, ya que por el trabajo es poco lo que podemos compartir.

—Esto le decía yo a mi hijo hace un rato —intervino la madre— Cuando te cases y tengas hijos, tienes que hacer el Camino con los tuyos—. De inmediato puse esa sugerencia en mi lista de deseos: hacer el Camino con algunos de mis hijos o con mis nietos.

Cinco kilómetros después, en Pontecesures, cruzamos el río Ulla por lo que fue un antiguo puente romano; entramos a la provincia de A Coruña y dejamos atrás la de Pontevedra. Aceleré el paso pues creía que ya estaba en Padrón pero una vecina nos dijo que aún nos faltaban dos kilómetros. Gran parte de la caminata en ese tramo fue por una recta paralela al lado derecho del río Sar. Una gran cantidad de peces nadaban en dirección contraria a la nuestra. Se dice que por ese río desembarcaron los discípulos de Jesús con los restos del Apóstol Santiago.

Al fin llegamos al paseo del Espolón donde hay una enorme estatua del escritor padronés Camilo José Cela, sentado con un libro en la mano. Parecía que estaba extasiado observando la plazoleta rodeada de árboles que le quedaba al frente. Recordé su novela *La familia de Pascual Duarte* que leí en la escuela superior y que en aquel momento me resultó en extremo realista. Luego, vino a mi mente el momento en que se le otorgó el premio Nobel de Literatura, ocasión en que visitó Puerto Rico y tuve el honor de entrevistarlo para la televisión. Me gustó su irreverencia. De frente a la estatua de don Camilo, en el extremo del Paseo, otro monumento le rendía homenaje a la poeta Rosalía Castro, quien escribía tanto en castellano como en gallego. De hecho, sus *Cantares Gallegos* son considerados como la primera gran obra de la literatura gallega contemporánea.

Una pareja de peregrinos descansaba en uno de los bancos de la plazoleta. Los reconocí de la cantata del día anterior en Caldas de Reis: eran Diego y Dori, unos murcianos quienes no habían parado de cantar durante nuestro encuentro el día anterior en Caldas.

—¡Qué bueno fue conocerles ayer! —dije con entusiasmo.

Al llegar al paseo del Espolón vimos la estatua del reconocido escritor padronés Camilo José Cela.

"Haces el camino porque tienes una pregunta que te da vueltas a lo largo de un año y alguien tiene que contestártela y ese alguien eres tú mismo".

—Déjeme decirle —contestó él— que ese momento de ayer, con las canciones que cantamos y el compartir que se dio, para mí, valió la pena hacer el Camino.

Esa expresión tan espontánea me conmovió. Sin proponérmelo, solo al hacer lo que me apasionaba, había tocado la vida de aquellos peregrinos.

Entonces escuché que me llamaban desde unas mesas que había frente a un bar en una esquina del Paseo. Era un grupo de jóvenes a quienes había conocido el día anterior frente al Albergue de doña Urraca. Querían ver mi guitarra. Yo les dije que quería dos cosas a cambio: que me dijeran los motivos que tenían para hacer el Camino y que uno de ellos me cantara una canción en la que yo pudiera acompañarlo.

—Haces el Camino porque tienes una pregunta que te da vueltas a lo largo

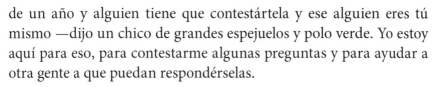
de un año y alguien tiene que contestártela y ese alguien eres tú mismo —dijo un chico de grandes espejuelos y polo verde. Yo estoy aquí para eso, para contestarme algunas preguntas y para ayudar a otra gente a que puedan respondérselas.

—Pues yo lo hago porque tengo unas lesiones en mi cuerpo y quise demostrarme que ese impedimento no sería un obstáculo para llegar a Santiago —dijo el joven que estaba sentado a su lado. Sus palabras provocaron un emotivo silencio entre todos.

—Hago el Camino para estar con mis amigos pero también por motivos de fe —apuntó el que el grupo identificaba como *el Rapero*—. Me considero un católico práctico y busco esa experiencia que requiera un esfuerzo extraordinario para trasladar esa fuerza a mi vida cristiana, en la que quiero seguir caminando como he caminado en este camino.

Sus compañeros le aplaudieron en son de broma por la retórica de su discurso.

—Y usted, ¿por qué lo hace? —me preguntó una joven.

—Lo hago porque quiero experimentar en mí mismo lo que creo que le hace falta a mi país, que es caminar por sus propios pies y dejar atrás lo que no nos ha funcionado. ¡Gracias por ser parte de mi experiencia!

—Usted ha sido parte de nuestra experiencia también —contestó otra de las jóvenes.

Entonces tomé la guitarra y el chico de los espejuelos se ofreció a cantar. Esperaba que fuera una canción española, pero quiso cantar *Yesterday*, un emblemático tema de *Los Beatles* de la autoría de John Lennon y Paul McCartney.

"Yesterday, all my troubles seemed so far away,
now it looks as though they're here to stay
Oh I believe in yesterday…

Con la esperanza renovada luego de conversar con esos jóvenes, terminó mi quinta jornada.

Estatua de vendedora
de pementos de Herbón
Rumbo hacia Santiago de Compostela, 25,2 Km

SEXTO DÍA

En la vida todo es ir
a lo que el tiempo deshace,
sabe el hombre donde nace
y no dónde va a morir.

—Juan Antonio
Corretjer

Miércoles 17 de julio de 2013 (6:30 a.m.)
Padrón – Milladorio (17.2 kilómetros)

Tomamos la decisión de dividir en dos etapas la última jornada que nos faltaba para llegar a Santiago. Lo hicimos de esa manera para asegurarnos de que entraríamos a la Plaza del Obradoiro el día de mi cumpleaños antes de las doce del mediodía. La jornada del sexto día terminaría entonces en Milladorio, a ocho kilómetros de Santiago. Influyó en la decisión el hecho de que según pasaba el tiempo, tosía con más frecuencia, y la sensación de tener el pecho apretado ya me resultaba preocupante.

Al salir del centro del pueblo pasamos frente a un hostal donde nos esperaban los Marín Soto. La menor de las niñas no se sentía bien y habían decidido no caminar ese día. La niña pidió despedirse de mí por si acaso no nos volvíamos a ver en el Camino. Me sentí conmovido por esa muestra de cariño. La abracé y le prometí que en algún momento nos reencontraríamos. Pocos días después de completar el Camino recibí por Facebook una foto de la familia Marín Soto, frente a la Catedral de Santiago, mientras ondeaban la banderita de Puerto Rico que les había regalado.

A poco más de un kilómetro del centro del pueblo visitamos el cementerio donde está la tumba de Camilo José Cela. Luego, nos adentramos en un laberinto de calles que conectaban con diferentes barrios. En varias ocasiones el Camino cruzaba los patios de algunas viviendas. Continuamos bordeando carreteras, internándonos en pequeños núcleos de casas, retomando vías y el Camino comenzó a tornarse pesado. Pedrito se me acercó a darme conversación.

—Lo que ha pasado hasta ahora, ¿te lo imaginaste así? —preguntó.

—Lo cierto es que nada ha pasado como me lo imaginé.

—¿Y eso es bueno o malo?

—Siempre lo que sucede es lo mejor, aunque no lo entendamos así en el momento. La vida es como es y no como queremos que sea.

En esas elucubraciones estábamos cuando, al doblar a la derecha en una calle, vimos que Yéssica conversaba con un peregrino que venía con una perrita. Supuse que estaba perdido pues venía en dirección contraria a la nuestra. Cuando me acerqué los escuché hablando en portugués. Yéssica estaba preocupada por la perrita y le ofreció agua. Yo me dirigí al peregrino.

—El Camino es en la otra dirección —le señalé.

—Sí amigo, lo sé. Es que ya vengo de vuelta—. La contestación me tomó por sorpresa.

—Ya fui a Santiago y seguí a Finisterre. Luego volví a Santiago y ahora regreso a casa.

—¿Y dónde comenzó el Camino?

—En Fátima —dijo como si fuera algo de lo más normal.

Repasé los cálculos que hice cuando me estaba preparando para el viaje y

...aquel hombre terminaría caminando sobre mil kilómetros. Pero no era la cantidad de kilómetros lo que más me sobrecogía. Era algo espiritual, misterioso, que emanaba de su ser.

estimé que aquel hombre terminaría caminando sobre mil kilómetros. Pero no era la cantidad de kilómetros lo que más me sobrecogía. Era algo espiritual, misterioso, que emanaba de su ser. Era bajito. Podía estar cercano a los sesenta años. Tenía una camiseta azul con un impreso del Camino de Santiago, con una flecha amarilla en el pecho, y en su espalda una mochila raída. A través de su mirada percibía un alma transparente. Quise saber más.

Uno de los peregrinos que cambió mi conciencia durante el Camino.

—¿Por qué camina de regreso?

—No tenía dinero.

—¿Por qué decidió hacer el Camino?

—Porque es un regalo grande —pausaba después de cada oración—. Tenemos que pensar bien la vida. No es solo hacer el Camino, hay que mirar la naturaleza que es la madre de todos. Lo importante es la humanidad. Vi lugares donde hay mucha humanidad, en otros no la hay. Cuando llegué a Santiago ya era otra persona. Ahora regreso y ando sin nada para comer, pero no me preocupa. Santiago me va a ayudar.

Yo estaba tan impactado con sus palabras que ni reaccionaba. Yéssica dejó de darle agua a la perrita y le puso en la mano dinero suficiente para comer los días que le quedaban de viaje. Él simplemente nos miró y dijo: "que Dios les ayude… y Santiago también".

Los próximos pasos los dimos en silencio. El mensaje de aquel hombre nos había impactado. Era una lección de humildad. Miles de personas seguían mi peregrinaje por las redes sociales. Cada día recibía mensajes de aliento y ya mi ego había comenzado a creerse que lo que estaba haciendo era la gran cosa. ¡Solo ciento veinte kilómetros! Y aquel hombre humilde caminaría diez veces esa distancia, sin cientos de "me gusta" en Facebook, sin *retuits* en Twitter, sin ninguna notoriedad. Hacía su peregrinaje solo, en silencio, con su pequeña perrita, a la que le daba agua primero que a sí mismo.

Seguí conmovido con la historia de aquel peregrino hasta que llegamos a Milladorio. En la víspera de mi cumpleaños, ya el Camino me había hecho otro extraordinario regalo.

Catedral de Santiago de Compostela
Fin del camino portugués

SÉPTIMO DÍA

Sal a caminar,
no estés quieto te vas a enfermar[...]
[...]aprendí a cantar, caminando.

—Roy Brown

Jueves 18 de julio de 2013 (7:30 a.m.)
Milladorio - Santiago de Compostela (8 kilómetros)

Cuando desperté y cobré consciencia del día que era, la emoción me golpeó en el plexo solar. ¡No lo podía creer! Estaba a solo 8 kilómetros de lograr mi meta. Me vino un violento ataque de tos y sentí que la respiración me faltaba. Tomé unos minutos para calmarme. No quise desayunar hasta que no llegáramos a las calles cercanas al centro de la ciudad.

Caminamos entre pinos por una ruta de asfalto hasta llegar al Monte do Gozo. Subí al tope, a 370 metros de altura, con las palpitaciones aceleradas por lo que anticipaba. A lo lejos, una sábana de neblina cubría la ciudad. Poco a poco se fue diluyendo hasta revelarnos los picos de las torres de la Catedral de Santiago de Compostela. Entonces entendí porqué los peregrinos lo llamaron Monte do Gozo. La sensación de ver la meta a solo una hora de camino producía un gozo indescriptible. Mis acompañantes me miraron y supe que también compartían mi emoción.

Bajé del promontorio y la ansiedad me impulsaba a correr. Salimos del bosque y caminamos paralelo a la Autopista del Atlántico, cruzamos un puente por encima de ella y luego pasamos unas vías ferroviarias. Tan pronto las cruzamos un tren nos pasó por el lado a alta velocidad. Faltaban cuatro kilómetros para llegar a la ciudad.

Seis días después, ya en Madrid, cuando estaba con mi esposa disfrutando de un juego de fútbol en un bar deportivo, interrumpieron la transmisión para anunciar que un terrible accidente ferroviario había ocurrido a 4 kilómetros de Santiago. Sobrecogidos observamos las primeras imágenes y de inmediato reconocimos el lugar por el que pasamos el día de mi cumpleaños. La desgracia ocurrió el 24 de julio, la víspera del Día de Santiago Apóstol. Entre las setentainueve personas que murieron estaba la puertorriqueña Myrta LaSalle, de cincuentaiocho años.

Cada vez más cerca de Santiago, me detuve en el Ponte Vella sobre el río Sar. Allí quise cantar una última canción antes de entrar a la ciudad. Era una de mis preferidas de Facundo Cabral, la que dice: "Hoy es un nuevo día para empezar de nuevo, para cantar, para reír, para volver a ser feliz". Así me sentía.

Los rayos del sol se colaban entre las ramas de los árboles cercanos al río y creaban figuras geométricas que se proyectaban en la superficie de la corriente. El sonido de las cuerdas de la guitarra junto al del agua golpeando las piedras, creó una atmósfera mágica, preámbulo ideal para lo que iba a vivir una hora después.

Paramos a desayunar antes de la acometida final. Entonces, tomamos la avenida Rosalía de Castro, luego la de Juan Carlos I e hicimos un alto frente al parque de la Alameda. Solo faltaban unos doscientos metros. Allí, Pedrito me pidió que me olvidara de él y de su cámara, de

Poco a poco la niebla se fue diluyendo hasta revelarnos los picos de las torres de la Catedral de Santiago de Compostela.

Vista panorámica de la imponente Catedral de Santiago de Compostela.

Yéssica y de Pedro Iván, y que me viviera al máximo el momento que tanto había soñado por meses.

Sus palabras fueron como un detonante. Eché a caminar y sentí que los ruidos que me circundaban pasaron a un tercer plano. Una fuerza indescriptible me gravitaba hacia la plaza. Las imágenes de todo lo que había vivido los meses previos se me mezclaban con las personas que cruzaban como fantasmas por la rúa do Franco, llena de bares de tapeo y kioscos de ventas de recuerdos del Camino. Ya en la esquina de la Plaza del Obradoiro me percaté de que decenas de peregrinos, desde otras calles, procedentes de los muchos caminos que dan a Santiago, estaban viviendo esa misma emoción indescriptible que yo sentía.

Entré a la plaza y mi mirada se fue hacia las torres que horas antes atisbaba desde el Monte do Gozo. Me detuve, miré a mi alrededor. Vi peregrinos que caían de rodillas, otros se abrazaban a sus compañeros de viaje, otros quedaban como petrificados frente a la fachada de la Catedral. Yéssica me abrazó y me dio un beso. La vista se me nubló con las lágrimas que no dejaban de mojarme la barba. Pilar fue a recibirme y Felipillo –a quien no me esperaba– me dio

Fachada de la Plaza del Obradoiro.

un abrazo a nombre de sus padres que se habían ido a tomar un descanso a Muxía. Los integrantes de una tuna estudiantina, con los que Yéssica había hablado para que me dieran una sorpresa a mi llegada, me cantaron su versión del cumpleaños feliz. Pero ni siquiera les presté atención. Estaba tan emocionado que no me podía concentrar en nada a mi alrededor que no fuera el sentimiento de regocijo que me provocaba verme ante la fachada de la Catedral.

Me tuve que sentar a asimilar todo lo que sentía. Yéssica me puso en el celular la canción *Sal a caminar* que mi hija Andrea me había dedicado en un café teatro donde había cantado días antes. Recordé a las personas por las que había hecho el Camino; por mis padres, por cada uno de mis hijos, por mis nietos, por el hermano enfermo de una querida amiga, por el recuerdo de Tony Croatto, por otros familiares y amigos y, sobre todo, por mi país. Cerré los ojos y me quedé en silencio por un buen rato.

Abrí los ojos. ¡Qué distinto era todo después de hacer el Camino! Años antes estuve en esa misma plaza y no recuerdo ni siquiera haber visto un peregrino. Una semana antes, ya consciente de que era el punto final del Camino, sentí la emoción de los que

...sentí que los ruidos que me circundaban pasaron a un tercer plano. Una fuerza indescriptible me gravitaba hacia la plaza. Lo próximo era buscar la Compostela, el documento que certificaba que había completado el Camino de Santiago.

llegaban, pero no veía lo que ahora era capaz de ver. Parecía que todo se había magnificado, los colores, los cánticos, las emociones. Tal vez esa es la diferencia de acceder a un más alto nivel de conciencia.

Lo próximo era buscar la Compostela, el documento que certificaba que había completado el Camino de Santiago. Sobre cien peregrinos llenaban los escalones que subían al lugar donde se otorgaba. Me tocó al lado de un señor que miraba con ilusión de niño hacia el final de aquella fila.

—¿Por qué lo hizo? —le pregunté.

—Tuve un año difícil, por enfermedad —se le llenaron los ojos de lágrimas.

—Yo tuve cáncer, estoy en remisión y vine a celebrarlo —le dije.

—Yo también, cáncer... —y lloró.

Su hija, que andaba con él, lo abrazó. Yo también lo abracé.

La Compostela es un documento centenario que acredita que un peregrino ha realizado por los menos los últimos cien kilómetros del Camino de Santiago. Con ella en mano subí las escalinatas de la Catedral. En ese instante las campanas comenzaron a sonar. El sonido reverberaba por toda la plaza. ¡Eran las doce del mediodía y aquel melódico mantra anunciaba la Misa de Peregrinos! ¡Había cumplido mi sueño al pie de la letra!

Entré a la Catedral. Los cánticos, magnificados por la resonancia en las enormes cúpulas de la Catedral, creaban un ambiente solemne que sobrecogía a los presentes, emocionados al igual que yo, porque vivían el logro de su sueño. Casi al final de la ceremonia, ocho hombres revestidos con túnicas púrpuras, aferrados a sus correspondientes sogas, bajaron de la cúpula mayor un enorme botafumeiro. Desde el siglo XV es tradición perfumar la nave principal con incienso, para paliar el olor de los sudores provenientes de los estropeados cuerpos de los peregrinos. Los "tiraboleiros" tomaron un impulso repentino, halaron sus sogas y el movimiento los llevó a bajarse casi a ras del piso. El botafumeiro tomó altura. De inmediato procedieron a soltar y a atenazar las sogas, de forma alterna, lo que provocaba un dramático vaivén del enorme incensario, de un lado al otro de la nave, sobre los asistentes que movíamos las cabezas en la dirección que dibujaba la estela del humo. El coro cantaba el himno al Apóstol y luego de cinco inolvidables minutos, el botafumeiro comenzó a reducir su vaivén hasta terminar detenido en medio de quienes lo manejaban.

Al salir de la Catedral el sol de la tarde golpeaba la plazoleta donde seguían llegando peregrinos. Caminé entre ellos preguntándome qué nos unía, qué hizo que todos ellos escogieran llegar a su destino el día de mi cumpleaños. Seguí caminando en dirección al hotel y sentí una rara sensación, como un vacío, una cierta melancolía. La adrenalina de mantenerse en el Camino comenzaba a disminuir.

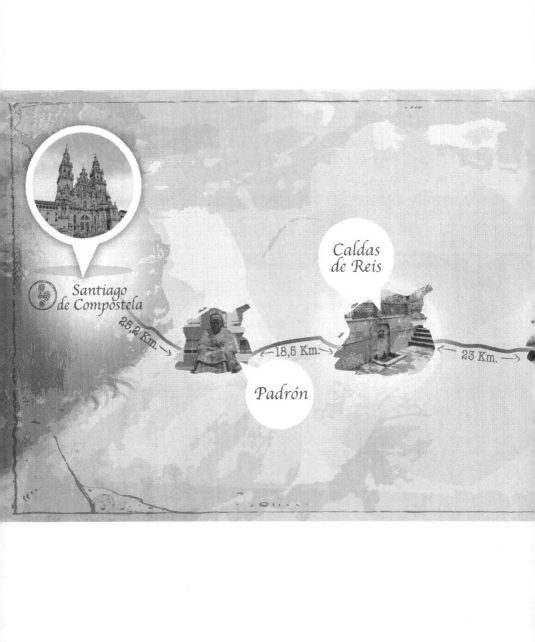

Santiago
de Compostela

25,2 Km.→

Padrón

←18,5 Km.→

Caldas
de Reis

←23 Km.→

TERCERA PARTE

Después del Camino

Redondela

15,2 Km.

←—18,2 Km.—→

18,7 Km.

O Porriño

ntevedra

Tui

Caminante no hay camino, se hace camino al andar.
—Antonio Machado

Celebración

Luego de un buen baño, me afeité, me puse otra muda de ropa y nos fuimos a unos de los restaurantes de tapas, en la rúa do Franco, con Pilar y el equipo de trabajo. Allí volvieron a cantarme el "cumpleaños feliz". Me resultó interesante que la calle me parecía distinta a como la había visto una semana antes. Por la noche, mi esposa me tenía de regalo una estadía en un maravilloso *spa* con aguas termales y todo tipo de mimos. Pero tan pronto mi mente soltó las riendas con las que había tenido bajo control al cuerpo durante los siete días anteriores, mis pulmones gritaron: "ahora es mi turno" y comencé a toser sin parar, toda la tarde y la noche.

Amanecí en un hospital, el mismo al que seis días después llevaron a la mayor parte de las víctimas del accidente ferroviario del veinticuatro de julio. El diagnóstico: una severa inflamación de

Mientras me recuperaba de mi afección pulmonar, recordé la carita feliz que me dio la bienvenida a los últimos dos kilómetros del Camino.

los bronquios. Estuve un día completo en cama. Felipe y Mariló se mantenían en comunicación con Yéssica y estaban muy preocupados por mi salud. Cuando mejoré, accedimos a pasar un día con ellos y llegamos hasta Muxía. Los buscamos en un pequeño hotelito en el que se estaban hospedando y luego caminamos hasta el Santuario de la Virgen de la Barca, por el que se conoce a esta localidad. Fuimos a almorzar a Corcubión, en el extremo oeste de la provincia de A Coruña, en la más alta de las Rías Baixas. Ese día celebraban un festival típico en ese municipio y fue como si a través de una cortina misteriosa, burlando el tiempo, cayéramos en plena época medieval. El sonido de las gaitas y los vestuarios de época de los habitantes del municipio nos hacían alucinar. Fue difícil la decisión de abandonar aquella mágica celebración, pero Yéssica y yo teníamos un compromiso ineludible: llegar a Finisterre, el destino final de muchos de los peregrinos del Camino de Santiago.

Los romanos pensaban que el Cabo Finisterre era el fin del mundo que ellos conocían, el final de la Tierra. Es uno de los lugares más impactantes que he visitado. El Océano Atlántico, a tus pies, observado desde una altura que te quita el aliento, va poco a poco tragándose la esfera anaranjada rojiza en la que se convierte el astro Sol. Subimos al faro de Monte Facho, justo a tiempo para tomarnos de la mano y, en silencio, observar el atardecer más espectacular de nuestras vidas.

Bajamos a Madrid al otro día y pocas horas después de llegar fue que sucedió el accidente del tren que viajaba a Santiago. Las imágenes eran cada vez más dramáticas, sobrecogedoras. El suceso nos mantuvo en vilo por los próximos días.

Regreso a Puerto Rico

En Puerto Rico me esperaban varias sorpresas. Los bancos habían iniciado los pasos para reposeer mi casa, las obras de arte que poseía y el apartamento donde vivía la madre de mis hijas menores y que yo seguí pagando después de divorciarnos. Fue un golpe muy fuerte, pero sentí que lo enfrentaba con una determinación distinta, con otro nivel de conciencia. Sabía las serias consecuencias económicas y emocionales que venían, pero lo enfrentaba con una mayor paz interior. Era un efecto parecido a cuando llevamos tiempo sin hacernos el examen de la vista y de pronto, con nueva receta y nuevos espejuelos, lo que antes veíamos un tanto distorsionado ahora se nos presenta con mucha más claridad y definición.

Confié en que todo sería para bien. Muy pronto comenzaron a llegarme señales de que había esperanza de recuperación económica en el futuro cercano.

Fuimos a Finesterre, lugar al que van muchos peregrinos a quemar sus zapatos luego de terminar el Camino de Santiago. Subimos al faro de Monte Facho, justo a tiempo para tomarnos de la mano y, en silencio, observar el atardecer más espectacular de nuestras vidas.

...que me
permitiera
contar lo vivido
a través de las
melodías que me
inspiraron durante
la travesía.

Un mes después de completar el Camino comencé a participar en un programa diario, de radio, sobre salud mental, y pocas semanas después, inicié un programa de televisión semanal.

La otra sorpresa que me encontré fue la reacción de la gente a mi peregrinaje. Dondequiera que iba alguien me decía que se vivió el Camino conmigo. Los seguidores en las redes sociales se triplicaron a decenas de miles. Sentí la necesidad de agradecer ese apoyo y de compartir mi experiencia cara a cara con la gente. Yéssica y Pedrito se dedicaron sin descanso a editar lo que habíamos grabado y yo me puse a crear un recital, *Las canciones del camino,* que me permitiera contar lo vivido a través de las melodías que me inspiraron durante la travesía.

El recital se presentó por varios días en el Café Teatro Punto Fijo del Centro de Bellas Artes de San Juan. Lo viví como una jornada más del Camino. Pedrito lo grabó y utilizó las canciones como el elemento narrativo que entrelazaba lo que grabamos en Galicia. Finalmente, luego de muchas horas de edición y de difíciles decisiones para compactar en hora y media cientos de horas de vivencias, pudimos presentar el documental *Paso a paso* en una *Premiere* privada el viernes 11 de octubre de 2013. Amigos, familiares, compañeros artistas, gente de los medios y ejecutivos del gobierno, estuvieron presentes. Las reacciones del público fueron muy emotivas y, nosotros,

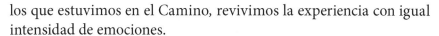
los que estuvimos en el Camino, revivimos la experiencia con igual intensidad de emociones.

La comunicación con Felipe y Mariló se intensificó de tal forma que vinieron a pasar la temporada navideña con nosotros y a conocer a Puerto Rico. Fueron dos semanas de celebración del regalo de amistad que nos había hecho el Camino.

Un día que estábamos en el Viejo San Juan, uno de los transeúntes que encontramos en la bajada por la calle del Cristo quiso retratarse con "los españoles del Camino". Así la gente los identificaba, tanto porque los vieron en el documental como por las fotos en las redes sociales. El hombre nos recomendó que pasáramos por Rosa de Triana, en la calle Caleta, para que vieran una auténtica tasca española en San Juan.

El dueño nos recibió y con mucho entusiasmo comenzó a mostrarnos los románticos rincones del lugar. Observé que uno de los mozos nos seguía con alguna intención. Por fin se decidió, me preguntó si me podía decir algo y nos apartamos del grupo.

—¿Se acuerda que en su Camino a Santiago pasó por un pueblo que se llama Mos?

—¡Claro! Entre O Porriño y Redondela.

—¿Y recuerda que usted le preguntó a un señor que cuánto les faltaba para llegar a Redondela?

—Por supuesto que lo recuerdo.

—Pues ese es mi cuñado al que yo hacía tanto tiempo que no veía. Usted no se puede imaginar la emoción de mi señora y la mía cuando estábamos viendo su documental y de pronto apareció él en la pantalla. ¡Es que no lo podíamos creer!

Yo tampoco lo podía creer. El Camino nos seguía regalando pruebas del sincronismo que ocurre cuando se hacen las cosas de corazón. Felipe y Mariló regresaron a Murcia abrumados por el cariño de los puertorriqueños y por la belleza de la isla. Con ellos redescubrí mi país y me llené de energías para los grandes retos que me deparaba el 2014.

CUARTA PARTE

Foto diario PASO a PASO

...decidí que en mi cumpleaños sesentaicinco
haría algo especial, distinto, único:

el Camino de Santiago.

...y se lo dedicaría a mi hermano, mentor y
compañero de proyectos musicales Tony Croatto,
quien murió a los sesentaicinco años.

Para ello tendría que prepararme mental y físicamente para caminar los ciento veinte kilómetros desde Tui hasta Santiago de Compostela en siete días.

La noche antes de salir a Santiago tuve que enfrentarme a varias pruebas, una de ellas fue una afección pulmonar...

...pero cuarentaiocho horas después ya estaba en Santiago, para esperar al camarógrafo y a su asistente, y luego viajar a la frontera entre Portugal y España, desde donde comenzaría mi camino.

El sol resaltaba los colores de los árboles de ambas orillas, que se hermanaban en el reflejo de la desembocadura del río Miño. Era el lugar exacto que había seleccionado, la prueba inequívoca de que lo que somos capaces de visualizar, somos capaces de manifestarlo.

¿Qué es el Camino de Santiago?

Es un peregrinar a la Catedral de Santiago de Compostela en Galicia, España.

El Camino lo comenzamos en el puente internacional
y pronto nos condujo al núcleo histórico de la ciudad.
Me detuve frente a la Catedral, fascinado por su
fachada gótica.

...llegamos al Ponte das Febres, sobre el
arroyo San Simón... era un bosque que
invitaba a detenerse y disfrutar de aquel
delicioso silencio.

Felipe, Felipillo y Mariló, que así se
llamaban mis nuevos amigos, eran los
ideales compañeros de viaje con los que
quería seguir caminando.

...por primera vez, caminé por mi propia cuenta, sin seguir a nadie, en la dirección que las flechas amarillas me indicaban. Era un ejercicio de extrema confianza...

CAMIÑO DE SANTIAGO
CAMIÑO PORTUGUÉS

P.K.115.454

...el segundo día era nuestro aniversario de
bodas y lo celebramos caminando juntos.

...el paisaje de los campos gallegos cercanos a Mos nos hizo detenernos. Todo lo que nos rodeaba estaba sembrado. La Madre Tierra devolvía con creces el cariño que aquellos campesinos le dispensaban.

...pasamos cerca de la iglesia barroca
de Santa Eulalia. Detrás de ella,
una montaña cubierta de neblina
me recordó nuestro Yunque donde,
según los indios taínos, habitaba
Yukiyú, el dios bueno.

A la vera del Camino
aquí me puse a cantar
por si había un peregrino
que me quisiera escuchar.

La tercera jornada la hice
con la gorra y la camiseta
de la campaña que se
llevaba en Puerto Rico a
favor de la excarcelación
del preso político Oscar
López Rivera.

Pedro, Ángeles, María Ángeles, Pedrito y Carmen, la familia Marín Soto, se convirtieron en otros de los peregrinos que quería tener de compañeros de viaje por el resto del Camino.

Cuando llegamos al albergue de Pontevedra, extenuados como nunca antes, Pedro Iván y Yéssica nos esperaban con don Tino, el presidente de la Asociación de Amigos del Camino Portugués.

Pilar nos recibía, cada día con más abrazos y besos...

Pontevedra es una ciudad que amerita
varios días para disfrutársela. Está
enclavada en el margen izquierdo del
estuario del río Lérez.

...nos
encontramos con
Félix Torres,
de palabra fácil,
que por años ha
colaborado
con Los Amigos
del Camino
Portugués.

...tomamos un camino de la vía romana que recuerdo
como uno de los parajes más hermosos del recorrido.
El sol colaba sus rayos por las copas de los árboles
y los pinos inmensos nos regalaban su sombra...

Varios arroyos se nos cruzaban entre calzadas que
nos permitían lavarnos la cara para recargar energías.

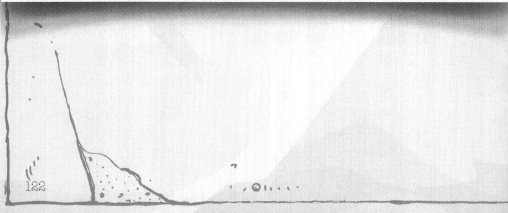

Sentía un cansancio existencial ...pretendía ser la fuente
inagotable de todo, un *Superman* que no se detenía
ante nada, fuera enfermedad, falta de dinero, tiempo,
o cansancio extremo.

Cuando estamparon el
sello en la credencial de
peregrino, terminó la
cuarta jornada, la más
extenuante del Camino
hasta ese momento.

...nos fuimos
adentrando en un
encantador trecho
que nos llevó
al monte Albor,
con el río Valga
serpenteándonos
al lado...

"Haces el Camino porque tienes una pregunta que te
da vueltas a lo largo de un año y alguien tiene que
contestártela y ese alguien eres tú mismo".

...aún nos faltaban dos kilómetros. Gran parte de la
caminata en ese tramo fue por una recta paralela al lado
derecho del río Sar. Una gran cantidad de peces nadaban
en dirección contraria a la nuestra. Se dice que por
este río desembarcaron los discípulos con los restos
del Apóstol Santiago.

Era un grupo de jóvenes a quienes había conocido
el día anterior frente al Albergue de doña Urraca.
Entonces tomé la guitarra y el chico de los
espejuelos se ofreció a cantar.

"Silverio, esta tierra que estás pisando la
han pisado reyes, obispos, artistas famosos,
escritores y gente de a pie que al igual que
tú han querido ser parte de la historia del
Camino de Santiago".

...aquel hombre
terminaría
caminando sobre
mil kilómetros. Pero
no era la cantidad
de kilómetros lo que
más me sobrecogía.
Era algo espiritual,
misterioso, que
emanaba
de su ser.

La indicación decía que solo nos faltaban 16,234 metros para llegar a Santiago. Sobre el muro había unas botas viejas que sabrá Dios cuántos kilómetros caminaron. Dentro de una de ellas dejé otra banderita de Puerto Rico.

Subí al tope de una loma con las palpitaciones aceleradas por lo que anticipaba. A lo lejos, una sábana de neblina cubría la ciudad.

Poco a poco la niebla se fue diluyendo hasta
revelarnos los picos de las torres de la
Catedral de Santiago de Compostela.

¡Faltaban cuatro
kilómetros para
llegar a la ciudad!

CAPITULUM hujus Almae Apostolicae et Metropolitanae
Ecclesiae Compostellanae sigilli Altaris Beati Jacobi Apostoli
custos, ut omnibus Fidelibus et Peregrinis ex toto terrarum
Orbe, devotionis affectu vel voti causa, ad limina Apostoli
Nostri Hispaniarum Patroni ac Tutelaris **SANCTI JACOBI**
convenientibus, authenticas visitationis litteras expediat, omnibus et singulis praesentes inspecturis notum facit: Dnum
Silverium Pérez Figueroa
hoc sacratissimum Templum pietatis causa devote visitasse.
In quorum fidem praesentes litteras, sigillo ejusdem Sanctae
Ecclesiae munitas, ei confero.
Datum Compostellae die *18* mensis *Juli*
anno Dni *2013*.

...sentí que los ruidos que me circundaban pasaron
a un tercer plano. Una fuerza indescriptible me
gravitaba hacia la plaza. Lo próximo era buscar la
Compostela, el documento que certificaba que había
completado el Camino de Santiago.

¡Eran las doce del mediodía y las campanas
anunciaban la Misa de Peregrinos!

¡Había cumplido mi meta al pie de la letra! Después de la misa nos fuimos a uno de los restaurantes de tapas, en la rúa do Franco, con Pilar y el equipo de trabajo, y me cantaron el "cumpleaños feliz".

Fuimos a Finesterre, lugar al que van muchos peregrinos a quemar sus zapatos luego de terminar el Camino de Santiago. Subimos al faro de Monte Facho justo a tiempo para observar el atardecer más espectacular de nuestras vidas.

Me puse a crear un recital,
"Las canciones del Camino"...

POR PRIMERA VEZ EN PONCE... EL SHOW

CANCIONES del CAMINO
Silverio Pérez

Sábado, Noviembre 9, 2013
Gran Salón
Ramada Ponce Hotel & Casino
7:30 pm

Reserva tu espacio llamando al 787-813-5050
ext. 7504/7520/7518

Un espectáculo divertido y emotivo,
dedicado a su compadre
Tony Croatto
Con la participación de Alejandro Croatto,
Irvin García, Jesús Muñoz y Gilda González.

...que me permitiera contar lo vivido a través de las melodías que me inspiraron durante la travesía.

...pudimos compartir el documental "Paso a Paso" en una premiere el viernes once de octubre de 2013.

#PasoAPasoconSilverio
Último tramo hacia Santiago de Compostela.

Las reacciones del público y de los compañeros artistas
presentes fueron muy emotivas y, nosotros, los que
estuvimos en el Camino, revivimos la experiencia con
igual intensidad de emociones.

Este fue el último abrazo que pude darle en vida
a mi querido Luis Raúl, la noche en que presentó
el documental Paso a paso.

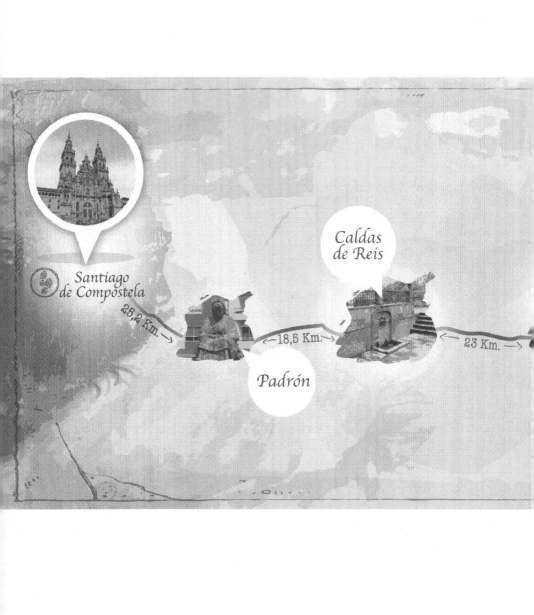

Santiago
de Compostela

25,2 Km.

Padrón

18,5 Km.

Caldas
de Reis

23 Km.

QUINTA PARTE

Reflexión final

Redondela

18,2 Km. 15,2 Km. 18,7 Km.

O Porriño

ontevedra Tui

Paso a Paso
El Camino Portugués
JULIO 13-18 2013

Un hombre que pasa de sesenta y trabaja y lucha por el futuro,
por el presente, la frente arriba, como el de veinte,
¿quién dijo que era viejo ya?

—Noel Nicola

Reflexión

Hacer el Camino no es un acto de magia, pero puede ocurrir magia. No es una vía para lograr la iluminación, pero te puede iluminar. No es un medio para hacer un cambio en tu vida, pero te la puede cambiar. El camino no se hace con expectativas. Se hace para regalarnos unos días con nosotros mismos y que pase lo que tenga que pasar, si es que pasa.

A mí logró demostrarme lo poco que se necesita para ser feliz. Vi la mochila con la que he caminado en la vida llena de tantas cosas inútiles. Logré fundirme con la naturaleza, disfrutarme el paisaje, escuchar los pájaros cantando, sentir la brisa y el sonido de un río que me acompañaba. Pude darme cuenta de que esas son cosas que uno empieza a olvidar en medio de la ciudad. Que el ruido de los carros, los teléfonos, la computadora, nos van haciendo inmunes a la maravilla que nos rodea. Recordé que de niño yo era uno con la naturaleza, y eso renació en mí.

El Camino guarda las huellas de miles de peregrinos que cada año lo transitan.

El extremo cansancio que experimenté me puso en contacto con mi fragilidad y pude reconocer mi verdadera fortaleza. Al caminar hacia lo desconocido conecté con ese instante en que vinimos a la vida, sin un libreto, y confié, como confía un niño, en que todo va a estar bien. Pude triunfar sobre la ansiedad del qué va a pasar, y recuperé la fe en que nada pasa por casualidad.

No fue casualidad que mi amigo Tony Croatto muriera a los sesentaicinco años y que eso me llevara a celebrar mis sesentaicinco de una forma tan particular. Su muerte hizo que yo, haciendo el Camino, diera paso a una mejor vida, no solo para mí, sino también para mis seres queridos y todas aquellas personas que de una forma u otra se sintieron impactadas por mi peregrinaje.

Y como no fue una casualidad que yo hiciera el Camino ni que mi experiencia tocara el corazón de tanta gente, he decidido regresar. Lo haré con un grupo de personas que hemos desarrollado una empatía hermosa, profunda, solidaria. Sé que ellos a su vez tocarán la vida de sus amigos y de sus seres queridos. La tradición que hace tantos siglos comenzó, continuará, porque en última instancia no se trata ni de Santiago, ni de ti, ni de mí. Se trata de que la vida es un eterno peregrinaje, y vivirla es caminar *a lo que el tiempo deshace*.

Décima al revés ⟵

Señales te da la vida
por donde debes andar
aunque no quieras mirar
la ruta está definida.
En bajada o en subida,
lo importante es el camino.
Evadiendo el desatino
con un bordón en la mano,
será siempre el ser humano
un eterno peregrino.

Un eterno peregrino
será siempre el ser humano
con un bordón en la mano
evadiendo el desatino.
Lo importante es el camino,
en bajada o en subida.
La ruta está definida
aunque no quieras mirar,
por donde debes andar
señales te da la vida.

Biografía **Silverio Pérez**

Silverio Pérez es escritor, orador motivacional, cantante, músico, compositor, ingeniero químico, y padre de cinco hijos.

Desde 1971 al presente es un ícono de la televisión y la radio puertorriqueña pues ha creado innumerables programas de gran éxito en ambos medios. Ha sido el libretista principal de Los Rayos Gamma, un legendario grupo de sátira política que por 30 años consecutivos ha estado activo en teatros y en la televisión. En 1975, junto a un grupo de músicos y cantantes, fundó el grupo Haciendo Punto en Otro Son, pionero del movimiento de la Nueva Canción en Puerto Rico, con el que tiene decenas de producciones discográficas. Actualmente es anfitrión de *¿Qué es lo que hay?*, un programa semanal de televisión que se transmite por la estación pública y un programa diario de entrevistas en radio WIAC 740 AM.

En 1998 llevó a un primer libro su concepto de *Humortivación*. Esta primera propuesta vendió más de 125,000 ejemplares. El segundo libro *Más Humortivación* sobrepasó los 50,000. En el año 2004 publicó *Las tres tristes tribus*, primero de una recopilación de sus ensayos periodísticos. En el 2005 sumó a su lista de "más vendidos" *Domesticando tu dinosaurio*, un análisis con humor de la irracionalidad y el uso de la inteligencia emocional. *Humortivación... otra vez*, se publicó en el 2007 y al año siguiente presentó *Desde mi grúa: Manual del elector aguza'o*, su segunda recopilación de ensayos.

En el año 2009, publicó *Prefiero ser Trovador*, libro dedicado a la décima, expresión poética que el autor ha cultivado desde su juventud. En abril de 2010, la Casa de Puerto Rico en España y el Gabinete Internacional de Traducciones le otorgaron un premio a la colección de columnas publicadas entre 2008 y 2009 en el diario *El Nuevo Día* por ser "fortalecedoras de la conciencia nacional puertorriqueña". En el 2011 Silverio fue galardonado como Motivador y Escritor del Año de los Natural Choice Awards, premios que son otorgados por el público a personas que con su creación hacen una diferencia en la vida de otros seres humanos.

En el 2012 se publicaron dos libros adicionales: *Punto Decimal*, de décimas escritas para el semanario *Claridad* entre el 2009 y el 2010, y *Abracadabra, Buenas Palabras*, otra obra de corte motivacional. Su décimo libro, *Paso a paso por el Camino de Santiago*, recoge las experiencias durante su peregrinación de 125 kilómetros por el camino Portugués desde Tui a Santiago de Compostela. Silverio proyecta publicar en el 2015 la novela *Un espejo en la selva*, que le ganó una distinción durante la defensa de su tesis de Maestría en Creación Literaria de la Universidad del Sagrado Corazón en San Juan, Puerto Rico.